KNAUR

Im Knaur Taschenbuch Verlag ist bereits folgendes Buch des Autors erschienen:
Tattoo Krause

Über den Autor:
Daniel Krause, 43, hat unter anderem als Punk und Türsteher sein Glück versucht, um schließlich als Tätowierer seine Berufung zu finden. 2000 gründete er in Berlin das Geschäft »Classic Tattoo«. Durch seine zahlreichen Auftritte im Fernsehen avancierte Daniel Krause zum prominentesten Tätowierer Deutschlands. 2011 erschien von ihm im Droemer Verlag »Tattoo Krause«.

Daniel Krause

Lebe bekloppt, aber geil

Das Beste aus Krauses Universum

Knaur Taschenbuch Verlag

Besuchen Sie uns im Internet:
www.knaur.de

FSC
www.fsc.org
MIX
Papier aus verantwortungsvollen Quellen
FSC® C083411

Originalausgabe April 2013
Knaur Taschenbuch

Ein Unternehmen der Droemerschen Verlagsanstalt
Th. Knaur Nachf. GmbH & Co. KG, München

Text aufgezeichnet von Christian Lütjens
Herausgeber: Ulf Meyer zu Kueingdorf
Redaktion: Sophie Boysen
Umschlaggestaltung: ZERO Werbeagentur, München
Umschlagabbildung: Foto: privat; Skyline: FinePic®, München
Satz: Adobe InDesign im Verlag
Druck und Bindung: CPI – Clausen & Bosse, Leck
Printed in Germany
ISBN 978-3-426-78592-8

5 4 3 2 1

Es gibt viele Leute, die dieses Buch schon vor seinem Erscheinen missverstanden haben. Für die habe ich es aber nicht geschrieben.

Sondern für alle, die lieber über sich selbst lachen als über andere. Um das Leben zu verstehen, muss man Fehler machen und Gefühlen nachgeben.

Bekloppt, oder?
Aber geil.

Euer Krause.

INHALT

EINLEITUNG

Was ist eigentlich bekloppt? Im Grunde stelle ich mir diese Frage schon seit meiner Kindheit. Es ging damit los, dass ich keine Butter mochte. Das hat mir damals schwer zu schaffen gemacht, schließlich aßen alle Leute um mich herum Butter. Irgendwann fühlte ich mich wegen meiner Abneigung gegen das Zeug so abartig, dass ich mir ein ganzes Stück auf einmal in den Mund schob und dachte, danach wäre ich vielleicht geheilt. Hat nicht funktioniert. Im Gegenteil. Anschließend habe ich mich dumm und wund gekotzt, und wenn mir heute jemand ein Stück Butter unter die Nase hält, kriege ich Ekelanfälle.

Weiter ging es, als ich in den Kindergarten sollte. Unsere Nachbarskinder und mein großer Bruder fanden Kindergarten toll, ich aber wollte da ums Verrecken nicht hin. Wenn mein Vater mich unter Zwang im Hort absetzen wollte, bin ich heimlich wieder abgehauen, hab mich im Auto hinterm Sitz versteckt und so lange rumgezetert, bis er mich zurück in den Rosengarten meiner Oma gefahren

hat, wo ich von meinen Großeltern genauso verhätschelt wurde wie die Rosen.
Das dritte große Scheitern an den Dingen, die anscheinend alle taten, folgte, als ich in die Schule kam. Meine Mitschüler traten immer Käfer tot und pusteten Frösche auf. Ich konnte da nicht mitmachen. Ich wollte dem Scheißfrosch einfach nicht den Strohhalm in den Arsch schieben und ihn aufpusten, weil er mir leidtat. Also hab ich's nicht getan. Was allerdings nicht zu wachsender Selbstachtung führte, sondern dazu, dass ich mich aussätzig fühlte und dachte, ich wäre ... Ja, was wohl? Richtig: bekloppt.
Wenn ich mir diese drei Punkte – die Butter, den Kindergarten und den Frosch – heute vor Augen führe, muss ich ganz ehrlich sagen: Gut gemacht, kleiner Krause, du hast dich nicht vom Gruppenzwang verleiten lassen, sondern das getan, was du für richtig hieltest. Vor allem aber habe ich inzwischen eine differenziertere Sicht auf den Begriff »bekloppt«. Wenn heute über eine Botox-Barbie mit Silikon-Titten gesagt wird, sie habe nicht alle Tassen im Schrank, gucke ich erst mal genauer hin, was ihre Beweggründe sein könnten. Und wenn ein grotesk anmutender Bodybuilder kaum noch gehen kann vor lauter Anabolika-Muskeln, muss ich nur auf meine eigene Vergangenheit zurückblicken, um seine Motive zu verstehen.
Was ich damit sagen will: Genauso wie man manche Dummheiten sein lassen muss, um sich selbst treu zu bleiben, muss man andere erst mal mitmachen, um zu sich selbst zu finden. Schließlich sind die Möglichkeiten heutzutage deutlich vielfältiger als zu Zeiten meiner

frosch- und kindergarten- und butterlosen Jugend in der DDR. Außerdem bieten sich mit fortschreitendem Alter immer mehr Verlockungen, denen man entweder widerstehen oder nachgeben kann.
Ich bin der Meinung, dass man Dinge ausprobieren muss, die einen interessieren. Ob andere einen deswegen für bescheuert erklären, ist eine Sache, ob man es am Ende selbst tut, eine andere. Hauptsache ist, dass man zu sich selbst und seinen Bekloppheiten steht und Bedürfnisse nicht unterdrückt, denen man eigentlich gerne nachgeben würde. Irgendwie gehen wir doch alle mit einer gedanklichen Liste durchs Leben, auf der Dummheiten stehen, die wir früher oder später mal machen müssen, um zur Ruhe zu kommen. Bei manchen ist diese Liste länger, bei anderen kürzer. Meine ist ziemlich lang. So lang, dass ich es tatsächlich geschafft habe, ein ganzes Buch mit Dummheiten zu füllen, von denen ich glaube, dass nicht nur ich daraus schlauer geworden bin, sondern dass auch ihr beim Lesen eine Menge mitnehmen könnt. Vielleicht könnt ihr euch danach den einen oder anderen Sumpf sparen, durch den ich gewatet bin. Oder ihr merkt, dass nicht jeder Trend unserer individualismuswütigen Gegenwart mitgenommen werden muss. Oder ihr lacht euch einfach schlapp über meine Pannen und Missgeschicke mit Nutten und Transen, Fetischisten und Polizisten, Pillen und Pulvern und so weiter. Wahrscheinlich erkennt ihr euch in einigen Geschichten aber auch einfach nur selbst wieder. Wenn ich nämlich eins gelernt habe im Tal der Bekloppten, dann ist es Folgendes: Wir sind alle ein bisschen bekloppt. Und ich find's geil!

PHASE I: BEKLOPPT, ABER JUNG

Eins vorweg: In diesem Buch wird viel gesoffen und gevögelt. Das kommt nicht von ungefähr, denn die meisten Bekloppttheiten, die wir uns im Leben leisten, haben mit der Suche nach gutem Sex zu tun. Wir trainieren, tätowieren, piercen und modifizieren unsere Körper, um für potenzielle Partner attraktiv zu sein. Wir streben nach Individualität, um potenzielle Partner zu beeindrucken. Und wir messen uns mit unseren Geschlechtsgenossen, weil sie Konkurrenten im täglichen Streben nach gutem Sex sind. Zwischendurch wird zur Entspannung ein bisschen gefeiert und gesoffen. Gearbeitet natürlich auch. Aber unter Arbeiten stellen sich heutzutage ja auch immer mehr Menschen vor, sie müssten sich nur auf eine Bühne stellen und die Klamotten vom Leib reißen, um als Model oder Superstar zum Sexsymbol zu werden.
So oder so beginnt der ewige Wettstreit um den besten oder abgefahrensten oder meisten Sex mit der Pubertät. In dieser Zeit werden die Weichen für das Bekloppttheitslevel unseres späteren Lebens gestellt. Der Körper ent-

wickelt sich und gibt die ersten Rätsel auf, die eigenen Vorstellungen von der Welt fangen an sich gravierend von denen der Eltern zu unterscheiden, man probiert Dinge aus, die bisher den Erwachsenen vorbehalten waren. Mit anderen Worten: Man spielt in jeglicher Form mit sich selbst herum. Und das hat meist Heimlichkeiten, Peinlichkeiten und Einsamkeitsgefühle zur Folge, die, denke ich, jeder Jugendliche kennt.
Meine Theorie: Je größer die Komplexe, die man als Teenager aufbaut, desto anfälliger ist man später für Beklopptheiten wie Silikon, Anabolika, Drogen und so weiter.
Ich persönlich fand die Phase von 12 bis 18 megascheußlich, und jeder, der mir erzählt, dass er noch mal so jung sein will, ist für mich ein Spinner. Was gab es denn in dieser Zeit? Außer, dass ich mich selbst zu klein, zu dünn und zu pickelig fand und mitangucken musste, wie meine Kumpels Weiber knutschten, von denen ich nie eine abkriegte?
Na gut, ein paar schöne Dinge gab es doch. Ich habe mit 16 zum Beispiel mein erstes Moped bekommen. Das Ding sprang zwar nie an, wenn es sollte, und ich hab mich ständig verletzt an dem Teil, all das hat mich aber nicht davon abgehalten, davon zu träumen, mit der Maschine die Welt zu erobern. Weil ich in der DDR aufgewachsen bin, war diese Welt zwar ziemlich begrenzt, aber mein Horizont war es auch. Es ging also eher darum, in Gedanken jedes hübsche Mädchen, das zufällig den Gartenzaun strich oder auf den Bus wartete, aufsteigen zu lassen und mit ihm in den Sonnenuntergang zu fahren. In Wirklich-

keit ist das nie passiert, aber drauf geschissen. Mein Moped war ein erstklassiger Mädchenersatz.
Einmal hab ich das Ding komplett auseinandergenommen und wieder zusammengebaut. Am Ende sind zwei Schrauben und ein Federring übrig geblieben. Damit war auch diese Beziehung dem Untergang geweiht. Der Motor sprang zwar noch an, aber irgendwie konnte man nicht mehr richtig fahren. Bald darauf wurde die Maschine verkauft, und ich saß wieder alleine da. Ich sag's ja: Die Zeit war megascheußlich.
Auf der anderen Seite war es natürlich auch eine Zeit der Narrenfreiheit. In der Ära der ersten Male können Jugendliche sich viele Dummheiten erlauben, ohne die ganz harten Konsequenzen zu tragen. Das ist heute genauso wie früher. Über meine Punkerfreunde und mich sagten damals viele, dass wir nicht ganz dicht seien, aber sie taten unsere Aktionen auch als jugendlichen Leichtsinn ab. Wir waren bekloppt, aber jung – das erste Stadium auf dem Weg zur entspannten Verrücktheit.

PROST!

Beginnen wir mit einer kleinen Konsens-Dummheit: Wir stoßen an. Hoch die Tassen, liebe Leute! Auf eine bekloppte gemeinsame Zeit! Jeder weiß, dass Saufen schädlich ist, aber alle tun es. Interessanterweise sind es auch gar nicht die Mengen, die konsumiert werden, die den Alk-Assi von den feinen Herrschaften unterscheiden, sondern die Fähigkeit, zu dosieren und im Suff die Form zu wahren. Wer jeden Abend eine Flasche Wein auf seinem hübsch bepflanzten Balkon kippt, wirkt halt ehrenwerter als der Bauarbeiter, der das Gleiche mit drei Flaschen Bier auf einer Parkbank tut – saufen tun trotzdem beide gleich viel. Oder auch: Der eine pichelt bis zum Blackout, dafür aber nur einmal die Woche. Der andere säuft jeden Tag, dabei aber immer nur bis zum Schwips.

Ich scheine mich unterbewusst von vornherein für die Blackout-Kategorie entschieden zu haben.

Mein erstes Besäufnis fand ganz klassisch auf meiner Jugendweihe statt. Übrigens auch so ein Quatsch, den kein Mensch braucht, aber alle wollen. Jugendweihen und Konfirmationen dienen einzig und allein dem Zweck, sich das erste Mal ordentlich einen auf die Lampe zu gießen. Hab ich natürlich getan. Ich habe mich bei dem Fest in der Dorfkneipe gar nicht erst mit Bier aufgehalten, sondern gleich den Kurzen zugesprochen. Maximal zwei Stunden hat der Spaß gedauert, danach weiß ich nichts mehr. Am nächsten Morgen wachte ich mit einer Flasche Korn im Arm unter einem Pferdewagen auf. Als ich zurück in den Dorfkrug ging, wurde ich vom Wirt kommentarlos am Kragen gepackt und sofort wieder rausgeschmissen. Ich weiß bis heute nicht, warum. Wahrscheinlich hatte ich in meinem ersten Suff so viele Entgleisungen, dass es auch für fünf Jugendweihen gereicht hätte. So blieben von dem Fest, auf das ich vorher so scharf gewesen war, am Ende nur ein hässlicher Anzug und ein dicker Filmriss übrig. Es sollten noch einige folgen. Also, Filmrisse, nicht Anzüge. Hoch die Tassen!

// Beknoppten-Weisheit Nummer 1:
Ein kurzer Abend beginnt mit einem Kurzen! //

KEIN FLATTERN, KEIN VÖGELN

Das erste Mal! Ein Wendepunkt, ein Mythos, ein Alptraum. In der Pubertät sind die meisten Jugendlichen so auf dieses eine Ereignis fixiert, dass alles andere dagegen unwichtig wird. Und wenn das »Ereignis« schiefgeht? Dann ist das ein Riesendrama. Ich weiß, wovon ich spreche.

Mit 16 hatte ich eine Kussfreundin. Sie war ein Jahr jünger als ich und die Tochter der Kinderhortleiterin in Pankow. Irgendwie war sie auch ganz süß. Wenn ich ehrlich bin, konnte ich aber nicht wirklich viel mit ihr anfangen. Da sie penetrant, frühreif und gebieterisch war und ich ja auch selbst möglichst bald zum Stich kommen wollte, war ich ihr im Rahmen meiner Möglichkeiten dennoch als Kusssklave gefügig. Unsere Knutschereien waren immer ein ziemliches Gesabbere, das ich eigentlich total eklig fand, deshalb kamen wir lange nicht über diesen

Punkt hinaus. Ich konnte unter den gegebenen Umständen einfach nicht den Macker markieren, der das Fräulein mal ordentlich wegpflückte, wie sie es vermutlich gerne gehabt hätte. Ich war eher der Typ, der nach einer halben Stunde in ihrer Gegenwart auf die Uhr guckt und sich fragt, wann er sich wieder zu seinem besten Kumpel verabschieden kann, um mit dem irgendeinen Mist zu bauen. Letztendlich war es allerdings genau dieser Kumpel, der mich dazu trieb, die nächste Runde einzuläuten. Eines Tages erzählte er mir mit leuchtenden Augen: »Alter, ich hab zum ersten Mal gepoppt!«

Verdammt! Diese Ansage war für einen Typen wie mich doppelt hart. Sie bedeutete einerseits, dass ich nicht mehr der Erste sein konnte, der das omnipräsente Rätsel unseres damaligen Daseins knackte, andererseits machte es mir gewaltigen Druck, wenigstens der Nächste zu sein, der im Entjungferungskanon mitsang. Diese Gedanken hab ich mir natürlich nicht anmerken lassen und stattdessen irgendwas nach dem Motto »Und, war gut?« gefragt.

Darauf hatte mein Kumpel nur gewartet, und er legte los: »Der Megakick! Was für eine Braut. Die ist abgegangen wie ’ne Granate.«

Hintenrum habe ich später von genau dieser Braut gehört, wie scheiße sie den Sex mit ihm fand. Wahrscheinlich beginnen die Wahrnehmungswelten von Männern und Frauen an genau diesem bedeutenden Punkt des ersten Mals auseinanderzudriften. Mein Kumpel hielt sich für den Hengst, dabei war er für das Mädel nicht mal ein Karnickel gewesen. Aber das ist jetzt unwichtig. Fakt war: Er hatte gevögelt, also war nun auch ich fällig. Und da es schon mal meine frühreife Knutschfreundin gab, habe ich mich mit ihr für den nächsten Mittwochnachmittag, an dem ihre Mutter im Hort arbeiten musste, zum »Kuscheln« verabredet. Klingt romantisch, war aber keineswegs so gemeint. Wir wussten beide, dass bei diesem Treffen endlich die Fetzen fliegen würden. Sie hatte von ihren Freundinnen, die inzwischen angeblich alle schon »guten Sex« gehabt hatten, nämlich genau den gleichen Druck wie ich. Es war klar: Das Ding musste eingelocht werden.

Mittwochnachmittag: Ich kam zu ihr, sie ließ mich ins Haus, hüpfte in ihr Kinderzimmer und rief: »Los, komm schnell rein und mach die Tür zu!«

Das ließ ich mir nicht zweimal sagen. Ich wetzte durch den Flur, knallte die Tür mit voller Wucht ins Schloss und rekelte mich anschließend in einer eigens für diesen Moment eingeübten Pose auf dem Bett. Leicht nach hinten gelehnt, halb liegend, halb sitzend, meine Knutschfreundin fest im Blick. Sie grinste mich vielsagend an. Ich grinste zurück. Sie rückte ein Stückchen näher, ich rückte ein Stückchen näher, doch dann … Auf einmal setzte sie sich kerzengerade auf und horchte in die Stille: »Warte mal!«

»Worauf?«

Ohne eine Antwort sprang sie auf und begann durchs Zimmer zu hüpfen: »Na, wo isser denn? Wo isser denn?«

Ich fürchtete schon, das könnte eine spezielle Art von Vorspiel sein, also fragte ich vorsichtig: »Ähm … Wo ist wer?«

»Na, wer schon?«, blaffte sie mich an. »Fritzi natürlich! Fritzi ist weg!«
Fritzi, das war ihr Wellensittich. Das Vieh war mir schon die ganzen letzten Wochen mit seiner Flatterei auf den Sack gegangen, doch im Moment ... Sie hatte recht. In diesem Augenblick flatterte hier gar nichts.
»Oh, nein, ist der in den Flur geflogen?«, wurde sie panisch. »Sag doch mal, war der im Flur, als du reinkamst?«
»Du, ich hab keine Ahnung«, antwortete ich etwas genervt. »Ich hatte eben, ehrlich gesagt, andere Dinge im Kopf als deinen Fritzi.«
Sie warf mir einen bösen Blick zu und eilte zur Tür. Verdammt! Mein ganzer Plan ging den Bach runter wegen dieses komischen Vogels. In der Hoffnung, dass sich das Problem schnell lösen würde, behielt ich meine Position auf der Bettkante vorsichtshalber bei – was zur Folge hatte, dass ich seelenruhig mitansah, wie meine Knutschfreundin energisch die Tür aufriss und ihr ein bunter, gefiederter Klumpen erst auf den Kopf und dann vor die Füße plumpste.
Was soll ich sagen? Der bunte, gefiederte Klumpen war natürlich Fritzi. Und geflattert ist er nicht mehr. Das arme Vieh muss bei meinem ungestümen Eintreten auf der Tür gesessen haben, und ich wiederum hatte ihm mit dem Zuknallen derselben offensichtlich das Genick gebrochen. Meine Knutschfreundin wurde kreidebleich. Die Tränen schossen ihr in die Augen. Dann stammelte sie: »Du Mörder.«
Ich wollte mich noch rechtfertigen, weil ich doch nur ihrer Aufforderung Folge geleistet hatte, die Tür zu schlie-

ßen, aber mein kleinlautes »Aber …« wurde von einem zweiten, diesmal laut gebrüllten »Du Mörder!« übertönt. Im nächsten Augenblick wurde ich unter Tritten, Schlägen und wüsten Verwünschungen aus dem Haus getrieben. Statt mit mir zu »kuscheln«, jagte mich die Frau die Treppe hinunter, durch den Vorgarten bis zur Einfahrt, wo glücklicherweise mein treues Moped auf mich wartete. Ich glaube, das war das erste Mal, dass das Teil auf Anhieb ansprang. Ich peste mit quietschenden Reifen und knatterndem Auspuff los und hielt erst wieder an, als ich keine Schreie mehr hinter mir hören konnte.

Mein erstes Mal endete damit im Schrecken. Und irgendwie ist dieser Vorfall bezeichnend für diese Zeit der nicht enden wollenden Pannen und Peinlichkeiten. Die Jahre von 14 bis 18 waren eine einzige lange Pechsträhne. Es ging immer um diesen verdammten ersten Fick, aber irgendwie kam es nie dazu. Es war wie mit Vögeln, die ewig versuchen zu fliegen und immer wieder aus dem Nest fallen, bis es endlich mal klappt. Obwohl … Nein, aus Respekt vor Fritzi ziehe ich diesen Vergleich zurück.

Ich muss nicht weiter erwähnen, dass das Thema Knutschfreundin damit erledigt war, oder? Es sollte noch mal zwei Jahre dauern, bis ich tatsächlich mein erstes Mal hatte – das dann sogar ziemlich gut lief. Und deswegen gehört es auch nicht hierher.

// Beklоppten-Weisheit Nummer 2:
Frauen, die beim Küssen sabbern, haben einen Vogel. //

WILLKOMMEN IM CLUB

Wir kennen das alle: In einem bestimmten Alter dreht sich das ganze Leben nur um Discos und Clubs. Dort wird die hohe Politik des jugendlichen Überlebenskampfes geübt. Wer sind die Checker und wer die Loser? Wer gehört welcher Szene an? Welcher Junge bekommt welches Mädchen? All das entscheidet sich in der Disco.

Meine große Clubzeit fiel in die achtziger Jahre der DDR. In unserer Hochphase hatten meine Freunde und ich fürs Wochenende ein festes Programm: Donnerstags ging's ins »Lunic«, am Freitag in den Schmenkel-Club am Baumschulenweg, samstags waren wir im Pankower Husemann-Club und sonntags im »Café Nord«. In den meisten Läden wurden alle Musikrichtungen durcheinandergespielt, deshalb traf man überall die gleichen Leute, und jede Gruppe hatte ihre eigene Ecke. Auf der einen Seite saßen die Metaller, daneben die Popper, dann kamen wir: die Punks. Im eigenen Lager war man sicher, doch sobald man sich davon entfernte und durch den Club streifte, ging das große Kribbeln los, denn es gab eigentlich immer irgendjemanden aus einer anderen Szene, der einem aufs Maul hauen wollte. Es wurde auch wahnsinnig viel gelästert und intrigiert. Lauter Kram, den eigentlich kein Mensch haben will, aber Jugendliche brauchen so was zur Orientierung. Sie müssen erst herausfinden, wie bekloppt sie sind oder sein wollen. Dafür müssen sie Opfer bringen. Ich weiß noch genau, wie ich die ersten Male vorm »Lunic« in der Schlange gestanden habe. Im Winter bei minus zehn Grad, bis mir fast die Füße abgefroren waren. Die Besonderheit an diesem Laden, einem alten Kino im Süden Berlins, war, dass man in die Donnerstags-Disco schon mit 14 reindurfte. Dementsprechend standen dort jede Woche 400 Teenager an, von denen aber nur 200 reinkamen. Drei Türsteher pickten sich die Kinder raus, die ihnen in den Kram passten. Es war die höchste Auszeichnung, von ihnen durchgelassen zu werden und in dem Laden tanzen zu dürfen. Jedes Mal, wenn ich reingekommen war, schwebte ich förmlich auf die Tanzfläche zu. Das fühlte sich wirklich so an, weil man immer erst eine abschüssige Rampe, vorbei an den alten Kinositzreihen, runterlaufen musste. Die Tanzfläche war nur ganz klein, und es war schon um 22 Uhr wieder Schluss, aber das war egal. Ich habe wahrscheinlich in keinem Laden wilder rumgeturnt als im »Lunic«. Mit Drehungen und Weiberantanzen hab ich diese Cool-&-The-Gang-Nummer durchgezogen und die Eighties zelebriert wie kein Zweiter. Anschließend saß ich mit meinen Kumpels im Dunkeln in den Kinositzen, und wir diskutierten über all die kleinen Mädchen, die das erste Mal nach Parfüm rochen. Der Rest war Schaulauf. Überall hörte man Pseudo-Checker-Gespräche à la: »Na, mein Alter, auch mal wieder hier?«

»Muss ja. War wieder fällig.«

»Wieso? Haben sie dich nicht reingelassen letzte Woche?«

»Quatsch. Nö, war unterwegs die Tage. Hatte zu tun.«

In Wirklichkeit war man in der Vorwoche natürlich sehr wohl von den Türstehern nach Hause geschickt worden.

Oder die Eltern hatten einen gar nicht erst weggelassen. Doch das »Lunic« war kein Ort für Bekenntnisse. Da bist du in den coolen Hosen deines großen Bruders hingegangen und hast dich unter Gleichaltrigen im Machogehabe geübt – mit dem du später in andere Clubs weitergezogen bist, in denen auch ältere Semester abhingen (also bis Mitte 20) und wo dir die Dicke-Hose-Pose irgendwann zum Verhängnis wurde.

So kam ich mit 16 zu meiner ersten »Prügelei«. Ich habe damals geboxt und hatte mir im Ring schon das eine oder andere Mal ein blaues Auge geholt, doch die große Konfrontation in freier Wildbahn war bisher ausgeblieben – bis zu diesem Sonntagabend im »Café Nord«.

Wir saßen mit einer Zehn-Mann-Clique in unserer Stammecke, als auf einmal ein Kumpel mit besorgter Miene auf mich zusteuerte: Mister Hyde. Er war eigentlich erst 15, sah aber älter aus und war ein ziemlich finsterer Typ, deshalb nannte ich ihn und seinen besten Kumpel immer Doktor Jekyll und Mister Hyde. Die beiden waren dauerbreit und hatten ständig Ärger. Schon als ich den Gesichtsausdruck und den torkelnden Gang des Jungen sah, war mir klar, dass es mal wieder so weit war: »Krause, ich hab Stress, du musst mir helfen.«

Mein Puls war auf einen Schlag bei 180.

»Wie, du hast Stress?«

»Hab mich mit zwei Riesenzwergen angelegt.«

»Aha.«

»Da muss jetzt der Ausgleich geschossen werden.«

»Ist klar.«

»Machste mit?«

Ein Kloß im Hals hinderte mich daran, ein wirklich überzeugendes »Ja« hervorzubringen, deshalb nickte ich nur und wurde im nächsten Moment schon von Hyde am Arm gepackt und mitgeschleift. Ich war völlig aufgedreht, mein Herz klopfte, meine Gedanken rasten. Ein typisches Phänomen vor einer Prügelei. Alle kriegen Herzflattern, fangen an zu zittern, und in ihren Augen liest man nur noch: Prügelei! Prügelei! Prügelei! Eigentlich totaler Quatsch, aber dazu komme ich gleich noch.
Der Zufall wollte es, dass ich an diesem Tag einen Strickpulli mit langen Schlabberärmeln trug. Es waren die Achtziger, da war das schick. Und es war in diesem Fall sehr praktisch, weil ich mir in meiner Panik geistesgegenwärtig einen dieser großen DDR-Kristallaschenbecher vom Tisch krallte und ihn in meinem Ärmel verschwinden ließ. Wie sich herausstellte, gar keine schlechte Idee, denn im nächsten Moment bogen wir um die Ecke und standen zwei Typen gegenüber, denen die Bezeichnung »Riesenzwerge« erst dann entsprach, wenn man das Wort »Zwerge« aus dem Begriff strich. Beide waren einen Kopf größer als wir, beide waren bestimmt zehn Jahre älter, beide hatten fette Bauarbeiterarme. Mit denen sollten wir uns prügeln? Na, dann gute Nacht. Es muss ein Anblick zum Totlachen gewesen sein, wie wir Knirpse zu den zwei Kolossen hochguckten, sie vor uns in Stellung gingen und Mister Hyde mit geballten Fäusten lallte: »Na, dann zeigt mal, was ihr draufhabt.«
Eine Sekunde später bekam er von dem rechten Riesen eine Schelle aufs Ohr, dass er auf den Hintern flog. Allerdings rappelte er sich sofort wieder auf und versetzte dem Typen einen Faustschlag ans Kinn, der jedoch seine

Wirkung verfehlte und lediglich die nächste Schelle zur Folge hatte, die ihn endgültig zu Boden gehen ließ. Dann nickte der Schläger mit einem Blick auf mich seinem Kumpel zu, dessen Faust im nächsten Augenblick auf mein Gesicht zu schnellte. Eine Situation, die ich vom Boxen kannte. Ich reagierte blitzschnell, duckte mich unter dem Schlag hindurch, holte mit dem Aschenbecher in meiner Hand weit aus, kam wieder hoch und zog Riese Nummer zwei das Ding mit voller Wucht über die Rübe. Danach zerrte ich Mister Hyde vom Boden hoch, und wir rannten weg. Laut schreiend. Raus aus dem »Café Nord«, auf die Straße, um tausend Ecken, Winkel und Hindernisse, nur weg, weg, weg. Erst als wir irgendwann, weit entfernt vom »Café Nord«, außer Atem stehen blieben, fiel mir auf, dass ich immer noch den Aschenbecher in der Hand hielt. Er war in drei Teile zerbrochen. Riese Nummer zwei musste ordentlich einen mitbekommen haben. Bescheuerterweise war das ein gutes Gefühl. Wir dachten, wir wären die Stärksten.

Logischerweise wurde mir dieses Gefühl von Stärke bei der nächsten Prügelei (bei der ich keinen Aschenbecher im Ärmel hatte) gehörig ausgetrieben. Diesmal war ich es, der auf die Fresse bekam. Zwar von einem anderen Riesen, dafür aber mit allen Schikanen.

Für alle, die an dieser Stelle fragen »Das war's schon?«: Ja, das war's. Das ist ja der Punkt, warum die ganze Aufregung um Prügeleien totaler Quatsch ist. Selbst eine Hardcore-Keilerei dauert in der Regel nicht länger als 60 Sekunden. Nach zwei, drei Schlägen steht der Sieger fest, und das Ding ist gelaufen. Das Schlimmste, was passieren kann, ist, dass du zu Boden gehst und die Zähne verlierst, aber das passiert fast nie. Meist machen sich nur ein paar Macker zum Affen und schütteln ihren Konkurrenten am Kragen. Jeder, der diese Art von Konfrontation sucht, ist ein Idiot – wer allerdings ungeplant in sie hineinstolpert, kann kaum etwas dagegen tun. Die Aggro-Lümmel, die sich über Prügeleien die Selbstbestätigung holen, die sie sonst nirgends bekommen, lassen nicht locker. Bei denen hilft auch kein Nachgeben. Das interpretieren sie als Schwäche und schlagen erst recht zu. Wenn nicht vermeidbar, sollte man solchen Instinkttieren also offensiv begegnen. Das ist, wie wenn einem unter Wasser ein Hai entgegenschwimmt. Da soll man auch nicht abhauen, sondern sich groß vor ihm aufbauen. Auf die Prügelknaben übertragen, bedeutet das: Ein lautes »Was willst du Penner?« und ein kräftiger Schubs reichen oft schon, um die Leute zu überrumpeln. Weil sie damit nicht rechnen. Dafür muss man im ersten Moment krass über den eigenen Schatten springen, aber aus meinen späteren Erfahrungen als Türsteher weiß ich, dass es kaum anders geht. Man muss sich klarmachen: Zu 80 Prozent bekomme ich jetzt sowieso aufs Maul. Also kann ich wenigstens Widerstand leisten, anstatt einfach nur den Arsch versohlt zu bekommen. Manchmal bringt es was. Ansonsten: Bleiben lassen den Scheiß, und über den Dingen stehen.

// Bekloppten-Weisheit Nummer 3:
Wer auf dicke Hose macht, sollte wissen, wann er sich dünnmachen muss. //

DIE BEKLOPPTEN VON NEBENAN

Nachbarn sind Freaks. Man lebt eng mit ihnen zusammen, aber geht selten eine wirkliche Verbindung zu ihnen ein. So bleiben sie Gestalten, über die man spricht, ohne dass man *mit* ihnen spricht. Manchmal ist es besser so, manchmal gar nicht anders möglich, in jedem Fall ist es merkwürdig. Meinen ersten großen Zusammenstoß mit Nachbarn hatte ich im Alter von 15 oder 16 im Haus meiner Eltern in Pankow. Das Haus war gerade durch einen schicken Anbau erweitert worden, nach dessen Vollendung meine Eltern erst mal eine Woche in den Urlaub fuhren. Nicht, ohne mir vorher einzubleuen, dass Partys tabu seien, besonders im neuen Anbau. Diese Ansage gaben sie auch an unsere Nachbarn weiter, die mich ein bisschen im Auge behalten sollten. Diesen Job übernahmen die wahrscheinlich gerne, weil sie mich ohnehin auf dem Kieker hatten. Ich war Punker, ich hatte mein erstes Moped, ich war Rebell, ich war der Nachbarschaftsschreck. Dementsprechend war das Erste, was ich nach der Abreise meiner Eltern tat, natürlich auch, meine Punkerkumpels anzurufen, um durchzugeben: »Ich hab sturmfrei. Kommt mit fünf, sechs Leuten und ein paar Mädels rüber, und wir machen einen drauf.«

Muss ich wirklich erwähnen, dass es nicht bei fünf, sechs Mann und ein paar Mädels blieb? Wohl kaum. Innerhalb der nächsten zwei Stunden trampelten achtzig Gestalten mit bunten Haaren, Lederjacken und ihren Miezen im Arm unsere Einfahrt hoch. Ich hab sie alle hastig ins

Haus verfrachtet, damit die Leute nebenan nichts mitbekamen. Drinnen war es allerdings vorbei mit meiner Vorsicht. Da hieß es: Hoch die Tassen! So dass ich schon relativ früh besoffen eingepennt bin.

Als ich wieder aufwachte und durch das Haus ging, klebte an den weißen Jacketts von meiner Mutter Ketchup, in der Badewanne schlief eine Schnapsleiche, die über und über mit Schlagsahne vollgeschmiert war, im Kamin saß ein Typ und schmiss mit Knallern um sich, und auf den Polstermöbeln im neuen Anbau (der mittlerweile gar nicht mehr so neu aussah) hopsten wild gewordene Punks herum. Draußen im Garten ging die Katastrophe weiter. Die Rosenstöcke meiner Mutter waren zertreten, ein paar Jungs machten sich einen Jux daraus, sich mit ihren Lederjacken durch die Hecken zu rollen und sie platt zu walzen, auf dem Rasen liefen unzählige Hasen herum. Hasen? Meine Familie hatte doch überhaupt keine Hasen. Aber unsere Nachbarn hatten welche. Das hatten ein paar meiner ausgeflippten Gäste mitbekommen und die Viecher aus ihren Ställen geholt und in unseren Vorgarten getrieben. Ich schwebte verpeilt durch dieses Inferno und überlegte, wie ich die Situation in den Griff bekommen könnte, ohne dass meine Eltern und die Nachbarn etwas mitbekamen. Ich hab die Jungs aus den Hecken verscheucht, versucht, die Hasen zu fangen, und (sehr clever) rumgebrüllt, die anderen sollten gefälligst leise sein. In meinem Halbsuff merkte ich dabei gar nicht, dass die Nachbarn schon die ganze Zeit mit der Polizei am Zaun standen und auf Verstärkung warteten.

So wurde die Geschichte dieser Party nach der Rückkehr meiner Eltern bis ins kleinste Detail vor ihnen ausgebreitet, und ich durfte danach erst mal gar nichts mehr. Es gab keine Extrawünsche, keine Freizeit, keinen langen Ausgang. Ich war ein zerstörter Mensch. Und wer war daran schuld? Die Nachbarn. Wahrscheinlich liegt es daran, dass ich in den Folgejahren viel Zeit damit verbracht habe, deren Artgenossen zu ärgern.
Allerdings habe ich mich auch jahrelang bei meinen Kumpels gerächt. Ich bin in den Häusern ihrer urlaubenden Eltern in Schrankwände gesprungen, in Waschbecken gehüpft, habe in Blumentöpfe gepinkelt. Einmal bekam ich mit, dass die Eltern von Kalle Groß (der Typ, der die Knaller geschmissen hatte) für ein langes Wochenende an die Ostsee fuhren. Prompt bin ich mit meiner Band »Die Schmutzels«, zwei Kästen Bier und einer Flasche Berliner Luft in deren Häuschen in der Kleingartenanlage eingefallen und habe es zum Proberaum erklärt. »Proben« hieß: Wir waren nach einer Stunde rotzebesoffen, hauten in die Klampfen, tanzten Pogo und fühlten uns wie die Sex Pistols. Nach einem Tag fiel uns auf, dass wir zu wenig Platz hatten. Große Kunst braucht schließlich Raum. Also haben wir in der alten Laube die Wand zwischen Wohnzimmer und Schlafzimmer rausgestemmt und die Steine einfach in den Garten geschmissen. Nach zwei Tagen sind wir abgezogen und haben die Hütte zerstört zurückgelassen. Der Vater von Kalle Groß hat uns noch monatelang in ganz Pankow gesucht und wollte uns vermöbeln. Aber wir haben uns immer versteckt. Wie die kleinen Strolche. Trotzdem war es kein

Wunder, dass ich, sobald ich 18 wurde, rauswollte aus Pankow und nach Berlin zog. Was gleich zum nächsten skurrilen Nachbarschaftskontakt führte …

Meine erste Wohnung lag in der Wilhelm-Pieck-Straße, die nach der Wende in Torstraße umbenannt wurde und in der ich heute meinen Laden habe. Ich bin meinem Kiez seitdem ziemlich treu geblieben. Nun fanden die Partys in meiner eigenen Bude statt, und da gerade die Phase losging, wo es bei mir mit den Mädels ernst wurde, gab es öfter auch Damenbesuch. Ich genoss meine neue Freiheit, ohne auch nur einen Gedanken an Nachbarn zu verschwenden, bis mir irgendwann auffiel, dass auf der gegenüberliegenden Straßenseite immer die Gardinen wackelten. Vor allem dann, wenn ich Damenbesuch hatte. Ich habe das eine Zeitlang beobachtet, und irgendwann war klar: Der Typ von gegenüber beobachtete mich. Nicht, weil er mich besonders toll fand, sondern weil er ein Spanner war. Nachdem ich das kapiert hatte, erzählte ich Jeanette davon. Jeanette war bisexuell und eigentlich in einer lesbischen Beziehung. Wir trafen uns immer in der Schoppenstube, einer schwulen Ostkneipe, in der ich damals manchmal mit meinen Kumpels die Nächte durchgesoffen habe, weil dort lange auf war und lustige Leute rumhingen. Unter anderem eben Jeanette, die sich nach dem Saufen regelmäßig von mir abschleppen ließ. Vielleicht war es auch umgekehrt, denn sobald Jeanette mich traf, war ihre lesbische Freundin abgemeldet, und sie zog mit mir vom Hof. Die Freundin wollte mir deswegen sogar aufs Maul hauen, was ich unbedarfter Bengel anfangs überhaupt nicht verstand, weil in meinem kleingeistigen Schädel gar nicht die Option verklinkt war, dass es so was wie lesbische Pärchen überhaupt gibt. Jeanette war das egal. Die Frau hat sich einfach rigoros das genommen, was sie wollte. Sie war sechs Jahre älter als ich, und wie jeder weiß, lernt man auf alten Schiffen segeln. Wir beide haben die dollsten Dinger durchgeturnt. Das Mädel wollte auf dem Nachhauseweg in der Bushaltestelle geknallt werden, obwohl es nur noch 50 Meter bis zur Haustür waren, sie wollte beim Sex erwischt werden, und wenn die erste Runde durch war, wurde sofort die nächste eingeläutet. An einem Morgen vögelten wir uns quer durch meine Wohnung, als ich wieder einmal merkte, wie sich im Haus gegenüber die Gardinen bewegten. Ich war davon ein bisschen abgelenkt, was Jeanette zu der Frage veranlasste: »Was ist denn los mit dir?«

»Der Typ da drüben wackelt wieder mit der Gardine.«

»Wie, da wackelt einer mit der Gardine?«

Diese Ansage war für die Frau ein gefundenes Fressen. Sie packte mich an der Hand und zerrte mich nackend in die Küche, die einen Erker hatte, so dass das Fenster ein bisschen näher an der gegenüberliegenden Straßenseite lag. Dann hat sie ihre Tasche ausgekippt, all ihre Geldscheine auf einen Bindfaden gezogen und wie eine Girlande übers Fenster gehängt. Anschließend musste ich sie auf dem Fensterbrett unter dieser Geldschein-Girlande kacheln. Dabei bog sie ihren Rücken durch, damit sie zu dem Spannerfenster rübergucken konnte, und sobald wir fertig waren mit Vögeln, schoss sie aus meiner Wohnung, flitzte auf die andere Straßenseite und klingelte bei

dem Typen mit der Wackelgardine, um ihn nach einer Zigarette zu fragen. Ein durchgeknalltes Weib.
Ich war völlig perplex, als sie zurückkam, während ich immer noch mit meiner Halblatte in der Küche stand.
»Und? Was hat er gesagt?«
»Gesagt? Nichts. Der hat mir halt ’ne Zigarette gegeben«, war die Antwort.
Dann setzte sie sich aufs Fensterbrett, rauchte ihre Kippe und winkte dem Spanner hinter der Gardine zu. Der Vorfall führte dazu, dass der Typ mir irgendwann anonyme Briefe in den Kasten schmiss, in die er Bilder von nackten Frauen reinklebte und mit ausgeschnittenen Buchstaben Sätze wie »Ich beobachte dich« zusammenstoppelte. Anfangs wollte ich ihm dafür aufs Maul hauen, aber irgendwann habe ich mich dabei ertappt, dass ich die Mädels immer öfter auf dem Fensterbrett nagelte, weil ich das irgendwie spannend fand. Manchmal produzieren die Macken der Nachbarn eben neue Macken bei einem selbst.
Damit war das Hobby Nachbarn-Ärgern bei mir etabliert. Und es trieb schon bald weitere Blüten. Nebenan wohnte ein Typ, der sich regelmäßig darüber aufregte, dass ich meine Schuhe im Treppenhaus stehen ließ. Der hat die Dinger irgendwann einfach weggenommen und in die Mülltonne geschmissen. Anschließend habe ich sie wieder rausgeholt und beim nächsten Mal zu den vier Paar Schuhen, die ohnehin vor der Tür standen, ein besonders abgerocktes fünftes dazugestellt, an dem ein Zettel mit der Aufschrift hing: »Diesmal bitte dieses Paar wegschmeißen. Das ist nur für dich.«

Den Typen hat das so aufgeregt, dass er anfing, mir wegen jeder Kleinigkeit die Polizei auf den Hals zu hetzen. Als Rache haben ein Kumpel und ich uns Bretter besorgt und in einer Nacht-und-Nebel-Aktion seine Tür verrammelt. Wir haben die Dinger mit langen Schrauben in den Türrahmen gejagt, bis es kein Rein- und Rauskommen mehr gab. Dafür wurde ich anschließend wegen »Freiheitsberaubung« verurteilt. Aber das kratzte mich nicht. All diese Geschichten waren schlussendlich meine Form des Rebellierens gegen die DDR-Spießer. Unterbewusst wollte ich diese Schelle wahrscheinlich sogar. Sonst hätte ich nicht permanent weiterprovoziert.

Mein nächster sprichwörtlicher Nachbars-Crash war allerdings ein ungewollter. Und seltsamerweise blieb er ohne Folgen. Nachdem ich seit ein paar Wochen wieder aus dem Knast raus war, kam ich auf die Idee, in meiner neuen Wohnung ein Hochbett einzubauen. Für die Verankerung der Balken habe ich mit einem Kumpel große Löcher in die Wand geschlagen. Wir haben geackert und gestemmt und gestemmt – bis plötzlich die Wand nachgab, ein Loch sich auftat und mein Meißel durch dieses Loch in die Wohnung nebenan krachte. Der Kumpel fragte: »Und was nun?«

»Was sollen wir schon machen?«, erwiderte ich. »Wir gehen drüben klingeln und fragen höflich, ob wir unseren Meißel wiederhaben können.«

Das haben wir getan, doch es machte niemand die Tür auf. Und irgendwie machte auch in den folgenden Wochen und Monaten niemand die Tür auf. Erst da fiel mir auf, dass ich diesen Nachbarn zwar regelmäßig durch die

Wand in seiner Wohnung rumhantieren hörte, ihn aber noch nie gesehen hatte. Nach einer Weile habe ich sogar angefangen, durch den Spion zu beobachten, wie Menschen in dieser Wohnung verschwanden. Es waren jedes Mal andere, aber rauskommen habe ich ohne Scheiß nie jemanden gesehen. Auch meinen Meißel habe ich nie wiedergesehen. Ich will gar nicht wissen, in wie viele Hintern das Ding seitdem reingeschoben wurde oder was in dieser Wohnung sonst abging. Man sollte doch meinen, dass ein Mensch sich zumindest ein bisschen wundert, wenn in seiner Wohnzimmerwand eines Abends ein Loch klafft und auf dem Teppich ein Meißel liegt. Diesem Nachbarn ging das offenbar nicht so. Ich hab das Loch irgendwann zugespachtelt, einen rot angesprühten Turnschuh drübergeklebt und einen Bilderrahmen drum herum drapiert. Das war mein Meißel-Mahnmal. Mit diesem Mahnmal wurde das Projekt Hochbett feierlich begraben. Die ewigen Kabbeleien mit meinen Nachbarn ebenfalls. Ich hatte mittlerweile jegliche Ausprägung dieser seltsamen Spezies durch: die elterlichen Wachhaber, den perversen Spanner, den unermüdlichen Meckerpott, das ungreifbare Phantom. Das reichte. Außerdem wollte ich nicht enden wie meine Eltern, die früher ständig am Küchentisch saßen und sich über die Idioten von drüben das Maul zerrissen. Muss ich nicht haben. Ich konzentriere mich lieber auf meine eigenen Dummheiten.

// Bekloppten-Weisheit Nummer 4:
Die Bekloppten von nebenan sind wir selbst! //

DIE GEFÄHRLICHSTEN SCHNÄPSE 1: DER PANKOWER FENSTERSTURZ

Der erste Suff, das erste Mal, die erste Schlägerei und die erste eigene Wohnung – damit sind wir beinahe reif für die nächste Runde. Ein letztes Initiationsmoment der Jugend soll aber doch noch thematisiert werden: der erste große Liebeskummer. Immerhin ein Gefühl, das Menschen regelmäßig zu den wildesten Beklopptheiten treibt. Und ein guter Anlass, das Kapitel so zu beenden, wie wir es begonnen haben. Mit Saufen.

Der Erste, der in meinem Freundeskreis mit voller Wucht von Wolke sieben heruntergekickt wurde, war Krüger. Wir müssen 16 oder 17 gewesen sein, als der arme Hund, nach zweimonatiger Beziehung mit Isabell aus der achten Klasse, eiskalt abserviert wurde. Über eine Freundin hatte sie ihm ausrichten lassen, dass sie bereits einen neuen Macker habe und er sich nicht mehr melden solle. Das war heftig. Obwohl es eigentlich nur meine schlechte Meinung von »Isi« bestätigte. Ich persönlich war froh, dass das Weib weg war. Da Krüger allerdings auf jede Kritik an seiner großen Liebe äußerst empfindlich reagierte, behielt ich das für mich. So auch, als ich einen Tag nach der bitteren Kunde auf einer unserer Sturmfrei-Partys mit ihm in der Küche saß und wir sein Leid im Schnaps ertränkten, während die anderen im Wohnzimmer feierten. Er saß mit hängenden Schultern auf dem Fensterbrett des geöffneten Küchenfensters, ich hockte im Schneidersitz auf einem Schemel davor und reichte ihm in regelmäßigen Abständen die Wodkaflasche nach oben. Krügers trauriges Gesicht, das sich hell gegen den blauen Nachthimmel abzeichnete, fing zusehends an, vor meinen Augen zu tanzen, doch das war keine Situation, in der ich mir hätte Schwachheiten erlauben dürfen. Das war ein Notfall. Schluck.

»Alles scheiße«, lallte Krüger.

»Sie hädde's dir doch wenichstens persönlich sagen können«, lallte ich.

»Weißde was?«

»So macht man einfach nich Schluss.«

»Schluss, ganz genau.«

»Genau.«

»Ich mach Schluss.«

»Nö, sie hat Schluss gemacht. Aber wie …«

»Mach's gut, Krause.«

»Willst noch'n Schluck?«

Gerade als ich die Flasche nach oben reichte, kippte Krügers trauriges, tanzendes Gesicht aus meinem Blickfeld, und seine Füße sausten an meinen Ohren vorbei. Alles ging schnell und langsam zugleich. Plötzlich starrte ich durch ein leeres Fensterviereck. Ausgestreckter Wodkaflaschen-Arm ohne Abnehmer. Blauer Nachthimmel ohne Krüger.

»Scheiße«, brüllte ich ins Wohnzimmer. »Krüger hat sich umgebracht!«

Klirr! Die Wodkaflasche krachte zu Boden. Ich versuchte mich hochzurappeln, aber da mir im Schneidersitz die Füße eingeschlafen waren, kam ich so langsam hoch, dass mir bereits eine große Menschentraube die Sicht versperr-

te, als ich endlich auf beiden Beinen stand. Mich trieb die pure Verzweiflung, als ich brüllte: »Diese Schlampe!«
Von irgendwoher kam: »Krause, was laberst du?«
»Isabell hat Krüger umgebracht. Das Miststück mach ich fertig.«
In diesem Moment teilte sich die Menschentraube und gab den Blick frei auf …
»Wie hast du Isabell gerade genannt?«
Vor dem Fenster stand Krüger. Mit etwas Dreck im Gesicht und auf den Klamotten, aber zweifellos lebendig. Ich Idiot hatte in meinem Suff völlig vergessen, dass diese Party im Souterrain stattfand. Krüger war nur einen Meter unter dem Fenster in einem Blumenbeet gelandet. Mann, war das peinlich. Verlegen kratzte ich mich am Kopf.
»Raus damit. Was hast du über Isabell gesagt?«
»Dass sie eine Schlampe ist«, meinte ich und hielt ihm die Hand hin. »Und jetzt komm hoch, du Arsch.«
In dieser Nacht flogen noch mehrere Leute, inklusive mir, aus dem Küchenfenster. Irgendwann machten wir uns einen Jux daraus, uns nach hinten fallen zu lassen, während wir unsere Kurzen runterkippten. Der Abend ging deshalb auch als »Die Fensterparty« in die Geschichte ein. Als ich nach Hause wankte, knutschte Krüger im Flur mit einer Neuen herum. Ein Glück also, dass wir nicht im fünften Stock waren.

// Beknoppten-Weisheit Nummer 5:
Wenn jemand dich fallenlässt, musst du es nicht auch selbst tun. //

PHASE II: BEKLOPPT, ABER UNVERBESSERLICH

Es wird ernst. Die Zeit der ersten Male liegt hinter uns, und das Erwachsenenleben geht los. Heißt: Man kann seine Beklopptheit nicht mehr hinter Jugend verstecken, sondern muss sich in ihr behaupten. Für alle, die sich an diesem Punkt nicht zur Ruhe setzen, ihre Teenagerliebe heiraten, Kinder kriegen und Häuser bauen, bedeutet das, dass das Mit-sich-Herumspielen auf eine neue Ebene geführt wird. Die Erkundung von Sexualität, Körper und Psyche geht in den Hardcore-Modus. Im besten Fall führt das zu mehr Selbstbestimmung, es birgt aber auch die Gefahr, sich selbst zu verlieren. Ich für meinen Teil bin zwischen diesen beiden Polen kamikazemäßig hin- und hergeschossen. Zwei Monate vor meinem 21. Geburtstag fiel dann auch noch die Mauer. Damit war den Dummheiten sprichwörtlich keine Grenze mehr gesetzt. Ich konnte durchdrehen und tat es auch. Das war nicht immer ungefährlich, aber das meiste würde ich wieder so machen. Wenn ich zwischen Viagra und Schlaftablette wählen darf, probiere ich doch lieber Viagra aus. Wenn ich mich entscheiden kann, ob ich ein Eigenheim baue oder einen Club pachte, nehme ich natürlich den Club. Und bevor ich mich der völlig überschätzten Tugend der Monogamie überantworte, muss ich vorher schon noch mal abchecken, was im Puff so abgeht. Nennt es unvernünftig, für mich ist das Leben. Und wenn ich mir die Geschichten einiger Tattoo-Kunden anhöre, dann gibt es viel zu viele Menschen, die mit Mitte 30 oder Anfang 40 bereuen, dass sie sich zu früh in ein Familienleben haben hineinzwängen lassen, das ihnen viele Freiheiten genommen hat. Diesen Leuten sage ich immer: Bereuen bringt nichts. Nimm dir halt jetzt deine Freiheiten. Für manche Dinge ist es nie zu spät.

»Freiheit« ist übrigens genauso ein blickwinkelabhängiges Wort wie »bekloppt«. Ein frustrierter Ehemann interpretiert es vielleicht als Freiheit, dass ich Mitte der Neunziger als Türsteher die Clubeingänge (un)sicher gemacht und mir auf Anabolika die Muskeln hochgepumpt habe. Damals hätte ich ihm sofort zugestimmt. Wenn ich es rückblickend betrachte, war ich in diesem Hamsterrad der Selbstbehauptung überhaupt nicht frei. Macho-Checker als Fulltime-Job ist ganz schön anstrengend, sage ich euch. Eigentlich macht man sich permanent zum Affen, aber man darf nicht drüber lachen. Womit wir beim Titel dieses Kapitels wären, der sich damit erklären lässt, dass sich junge Erwachsene mit ihrer neu gewonnenen Eigenverantwortlichkeit immer unheimlich ernst nehmen. Anstatt sich über sich selbst zu amüsieren, beharren sie auch bei der dicksten Dummheit auf deren Richtigkeit. Sie sind bekloppt, aber unverbesserlich. Ich war es auf jeden Fall. Und damit starten wir den Hardcore-Modus.

IN DER AUSNÜCHTERUNGSZELLE

Wir spielen jetzt ein bisschen Jackass, okay? Alles, was in dieser Geschichte passiert, bitte auf keinen Fall nachmachen und als Dummheit verbuchen, die ihr euch definitiv sparen könnt. Legen wir los: Kommt ein Typ mittags besoffen aus einem Restaurant, setzt sich in sein Auto, labert noch kurz mit seinem Kumpel durch die geöffnete Beifahrertür, fährt dann los, ohne die Tür zu schließen, rammt einen Wagen, reißt sich dabei die Tür ab, flüchtet bei Rot über eine Kreuzung, wird gerammt und kracht am Ende in eine Bushaltestelle. Muss ein ziemlicher Idiot sein, was? Stimmt. Das war nämlich ich. Mein Freund eilte sofort über die Kreuzung, um mir zu Hilfe zu kommen, und wir versuchten, dem Typen, der mich gerammt hatte, in unserem Suff weiszumachen, nicht ich sei gefahren, sondern ein »rumänischer Kumpel«, der schnell weggerannt sei. Wir glaubten allen Ernstes, mit der Nummer durchzukommen, und haben dem Typen, als er hysterisch wurde, auch noch eine gelangt. Deshalb lag er, als die Bullen eintrafen, röchelnd auf seinem Beifahrersitz, während wir zwei Besoffskis torkelnd daneben standen und immer noch dummes Zeug über einen fiktiven rumänischen Kumpel lallten. Die haben uns überhaupt nicht ausreden lassen, sondern sofort aufs Polizeirevier geschleppt und in die Ausnüchterungszelle verfrachtet. Dort hatten wir ein paar Stunden Ruhe, dann kamen vier Polizisten rein und meinten zu mir: »Herr Krause, Sie gehen da in die Ecke.«

An meinen Kumpel gewandt, fuhren sie fort: »Und Sie, Herr Brendel, behalten wir ohnehin hier. Gegen Sie liegt ein Haftbefehl vor.«
Da sprang mein Kumpel in der Zelle auf die Bank und tönte: »Ihr kleinen Mäuse wollt mich verhaften? Das müsst ihr erst mal schaffen.«
Im nächsten Augenblick gingen drei Polizisten auf ihn los, und er bekam unheimliche Keile, bis sie ihn im Schwitzkasten hatten. Wir waren beide immer noch nicht ganz nüchtern, also nahm ich seine Aufforderung »Hey, Bruder, du musst mir helfen« für bare Münze und wollte ihm zu Hilfe eilen, woraufhin auch ich Keile bekam und noch eine weitere Nacht in der Ausnüchterungszelle verbringen durfte.
Na gut, danach hatte ich offiziell keinen Führerschein mehr. Da die Polizisten aber irgendwie vergessen hatten, mir das Dokument abzunehmen, hatte ich ihn inoffiziell immer noch und bin auch munter weiter gefahren. Zwar nicht mehr mit meinem alten Auto (das ja Schrott war), dafür mit einem neuen 7er BMW. Ich hatte meine Beziehungen damals.
So geschah es, dass ich mich drei Monate später mal wieder nach allen Regeln der Kunst abgeschossen hatte und dann einen Anruf von meiner damaligen Freundin bekam, die Ärger in einer Diskothek hatte. Also musste der edle Ritter, der ich in meinem Suff zu sein glaubte, natürlich da hin, um sie zu retten. Und da edle Ritter nicht mit dem Taxi, sondern mit der eigenen Angeberkarre vorfahren, hüpften mein Kumpel und ich, ohne weiter drüber nachzudenken, in meinen BMW und fuhren mit wehen-

den Fahnen zum »Sky-Club« – vor dem eine Riesenpolizeikontrolle abging. Wir zwei waren aber so übermütig und besoffen, dass wir überhaupt nicht geschnallt haben, welcher Situation wir uns da auslieferten. Wir stellten uns brav in eine Schlange mit fünf anderen Autos, die kontrolliert werden sollten, machten weiter Party und hörten laut Musik, so dass wir anfangs gar nicht mitbekamen, als ein Polizist an unser Fenster klopfte. Als ich es merkte, machte ich die Musik aus und kurbelte das Fenster runter, um die Frage gestellt zu bekommen: »Was ist denn in ihrem Auto los? Vielleicht machen Sie mal das Licht an?«

Eine Aufforderung, die ich mit der geistreichen Bemerkung beantwortete: »Sonst noch Wünsche? Ich kann dir auch noch Musik anmachen, du Arsch.«

Es dauerte keine zehn Sekunden, und wir standen breitbeinig, von vier Polizisten umringt, an das Auto gelehnt und wurden mit auf die Dienststelle genommen. Da haben sie erst mal festgestellt, dass mein Führerschein gesperrt war, und ein bisschen rumgerätselt, uns aber anschließend komischerweise wieder rausgeschmissen. Der Abend hätte also glimpflich enden können. Allerdings hatte ich ja noch eine Mission zu erfüllen und war zudem immer noch breit. Also bin ich mit dem Taxi zurück zum »Sky-Club« gefahren. Der Plan: erst mein Auto, dann meine Freundin retten. In dieser Reihenfolge. Allein diese Präferenz gibt Aufschluss über meinen damaligen Geisteszustand. Die einigermaßen bescheuerte Annahme, dass die Bullen mittlerweile weg seien und ich mein Auto gemütlich vom Hof fahren könnte, ebenfalls.

Lange Rede, kurzer Sinn: Ich wurde ein zweites Mal an diesem Abend verhaftet und zu meiner eigenen Sicherheit mit aufs Revier genommen. So kam ich zum zweiten Mal innerhalb von drei Monaten in den Genuss einer Nacht in der Ausnüchterungszelle.
Diesmal dackelte sogar ein Arzt an, um einen Bluttest zu machen. Der Typ rammte mir die Nadel in die Vene, dass mein Arm anschließend anschwoll wie ein Pavianarsch. Danach fiel die Tür hinter ihm ins Schloss. Ich saß da, und mir wurde das erste Mal das Ausmaß der Katastrophe, in der ich steckte, bewusst. Strafe zahlen, Ordnungsbefehl, Auto weg, Führerschein endgültig weg. Das mit dem Auto war für mich wahrscheinlich das Schlimmste. Mein Ersatzschwanz sollte mir genommen werden. Ich fiel also in ein Riesenloch, während in der Zelle gegenüber unablässig ein Jugendlicher rumschrie: »Ihr Schweinewichser, lasst misch hier raus, fick deine Mutter, isch muss arbeiten, lasst misch hier raus …!«
Irgendwann hab ich's nicht mehr ausgehalten und ihn angebrüllt: »Halt endlich das Maul, du Arsch!«
Das machte aber alles nur noch schlimmer. Und als ich gerade dachte, ich drehe durch, klang plötzlich eine rauchige Stimme aus der Nachbarzelle zu mir herüber: »Ich höre mir das hier auch schon eine ganze Weile mit an. Aber das ist bald vorbei. Du musst nur ein bisschen Geduld haben.«
Der Typ tat so, als ob er sein ganzes Leben nichts anderes täte, als ausflippende Jugendliche in Ausnüchterungszellen zur Ruhe zu bringen. Ohne dass wir einander sehen konnten, quatschten wir kurz von einer Zelle zur ande-

ren, als der Schreihals gegenüber auf einmal brüllte: »Ey, isch muss mal auf Toilette, Leute. Lasst misch raus, isch muss pissen!«

Daraufhin die rauchige Stimme: »Jetzt schlägt die große Stunde!«

Und als der Polizist dem Schreihals die Zelle aufschloss, kam von nebenan seelenruhig: »Ich muss auch mal aufs Klo.«

Die beiden wurden also gemeinsam zur Toilette gebracht, ich hörte es auf dem Gang kurz krachen und klatschen, ein kurzes »Mann, lass misch in Ruhe, du Wichser« erklang, doch nachdem die beiden wieder zurück in ihren Zellen waren, war plötzlich Ruhe. Ich habe keine Ahnung, was der Alte dem Schreihals für eine gedonnert hat oder was er ihm für eine Drohung zugeflüstert hat, um ihn ruhigzustellen. Fakt ist: Seine Strategie ging auf. Der Junge sagte die ganze Nacht keinen Ton mehr. So habe ich gelernt, dass man sogar aus Aufenthalten in der Ausnüchterungszelle eine Profession machen kann. Ich persönlich habe mich allerdings dagegen entschieden. Nachdem ich wieder raus war, bin ich zehn Jahre lang gar kein Auto mehr gefahren. Vermutlich die klügste Entscheidung meines Lebens. Sie basierte ja auch auf den dümmsten Aktionen, die ich mir in dieser Zeit geleistet habe.

// Bekloppten-Weisheit Nummer 6:
Wer rumschreien will, braucht eine starke Blase. //

DER BEKIFFTE WACKELDACKEL

Haschisch ist gut und schön und sollte legalisiert werden. Ich habe diese Droge trotzdem nie wirklich verstanden – gleichgültig, ob ich sie in Kuchen-, Keks- oder Spaghettisaucenform zu mir nahm. Entweder fand ich den Ausgang nicht mehr, oder meine Klamotten hingen plötzlich wie Blei an mir, oder ich dachte beim Pissen, der Strahl zieht mich mit sich. Eigentlich erstaunlich, dass es zu all diesen Erlebnissen überhaupt noch kam, denn meine erste Begegnung mit dem Zeug war ebenso abschreckend wie unvermeidbar.

Die Situation kennen die meisten: Man ist am Feiern und am Saufen und sieht irgendwann, wie ein paar Kumpels in der Ecke liegen und sich einen abgackern, als hätten sie gerade den Witz des Jahrhunderts gehört. Ich habe dieses Phänomen mit Anfang 20 lange beobachtet, ohne zu kapieren, was mit den Vögeln los war. Dann flatterte mir irgendwann das Zauberwort »Haschisch« ins Ohr. Ich war immer Nichtraucher, Joints kamen für mich also eigentlich nicht in Frage. Andererseits war ich natürlich neidisch auf die Fähigkeit meiner Kumpels, in der Disco zu sitzen und sich ohne nachvollziehbaren Grund schief- und krummzulachen. Da saßen fünf Leute im Kreis, ließen ihre Friedenspfeife wandern, und ich war der Einzige, der an ihrem Humor nicht teilhaben konnte. Das frustrierte mich irgendwann, also hatte der Nichtraucher in mir das Nachsehen, und auch ich steckte mir die Pfeife in den Hals.

»Du musst fest ziehen«, kam es von allen Seiten. Das tat ich. Mit dem Erfolg, dass ich mich halbtot hustete und danach zwei Stunden scheiße fühlte, anstatt mich totzulachen. Irgendwann hab ich aus Frust von dem Haschischklumpen abgebissen und das Zeug runtergekaut. Mir war ja eh schon schlecht. Aber auch jetzt war die Wirkung gleich null. Der Abend schleppte sich also zäh dahin, ich war träge, mir war flau im Magen, und dem Nonsense-Smalltalk meiner Kumpels konnte ich nicht folgen. Schließlich machten sie sich einer nach dem anderen vom Acker, bis nur noch ich und Blaschke übrig blieben, der irgendwann zu mir meinte: »Los, Krause, lass uns abhauen.«
Ich nickte, und er stand auf.
»Kommste?«
Wieder nickte ich.
»Na, dann los.«
Ich nickte zum dritten Mal und blieb sitzen.
»Willste mich verarschen, oder was?«
Ich nickte auch jetzt. Aber eigentlich gar nicht, um die Frage zu bejahen, sondern weil ich zu nichts anderem fähig war. In dem Moment, als ich mich hochstemmen wollte, merkte ich erst, dass mein Haschisch-Snack sehr wohl gescheppert hatte. Und zwar ordentlich. Ich konnte weder meine Beine noch meine Arme, noch meinen Mund bewegen. Ich konnte gar nichts. Außer nicken. Blaschke sah sich das zehn Sekunden lang an. Wahrscheinlich war er zu breit oder zu müde, um zu kapieren, was los war. Jedenfalls schob er nach den zehn Sekunden mit den Worten ab: »Ich warte draußen, du Spaßvogel.«

Ein so beschissenes Gefühl hatte ich in meinem Leben selten. Wie angeschraubt saß ich in dieser Disco, beobachtete, wie sich mein Kumpel in Zeitlupe entfernte, und wollte ihm nachrufen, aber es ging nicht. Ich war in meinem eigenen Körper eingeschlossen. Innerlich hab ich getobt und um Hilfe geschrien, äußerlich saß ich da wie ein Wackeldackel und rührte mich nicht vom Fleck. Ich weiß nicht, wie lange das ging. Fünf Minuten oder fünf Stunden? Jedenfalls kam Blaschke irgendwann mit einem Bekannten wieder, die beiden hoben mich hoch, verfrachteten mich ins Taxi, der Rest entzieht sich meiner Kenntnis. Sie haben mir später erzählt, dass ich kichernd mit dem Gesicht an der Scheibe klebte und winkte. Ich habe also doch noch gelacht, ohne Grund dazu zu haben. Ziel erreicht.

// Beklopptten-Weisheit Nummer 7:
Humor ist, wenn man trotzdem lacht. //

AB IN DEN PUFF, DIE ERSTE

Kein Mensch geht in den Puff. Männer haben es nicht nötig, für Sex zu zahlen. Wir Kerle sind die großen Checker, die die Weiber auch umsonst haben können. So, das wäre geklärt.

Wie war das?
Warum die Puffs der Republik trotzdem immer rappelvoll sind? Wahrscheinlich gibt's da Freibier.
Warum immer mehr Mädels seit der Anerkennung des Prostituiertengewerbes als »Sexarbeiterinnen« Steuern zahlen? Keine Ahnung. Statistik ist doch meistens Lüge.
Und warum der Freund des Cousins deines Freundes dir erzählt hat, dass er schon mal Tattoo-Krause im Puff getroffen hat? Upps, erwischt …
Spaß beiseite. Die Doppelmoral, die hierzulande beim Thema Bordelle gefahren wird, ist schon ulkig. Wahrscheinlich tut sie dem Gewerbe sogar gut, weil es sich damit als eins der letzten Tabus unserer Gesellschaft behauptet und den Reiz des Verbotenen aufrechterhält, der die Faszination bekanntlich fördert. Zeitgemäß ist das aber nicht. War es noch nie. Also, Jungs und Mädels, macht euch locker. Wir gehen in den Puff!
Ich muss dazu sagen, dass natürlich auch ich mit den Vorurteilen und Ehrbarkeitsdünkeln aufgewachsen bin, die sich um das Thema ranken. Im Osten hatten wir sowieso keine Puffs im heutigen Sinne. Da gab's nur die Nutten, die in den Hotelbars der Privilegierten rumhingen, oder die Mädels, die sich in einschlägigen Kneipen von reichen Wessis gegen Geschenke abschleppen ließen. Nach der Wende hätte ich mich mit meinen Anfang 20 erst mal in meiner Machoehre gekränkt gefühlt, wenn mich jemand gefragt hätte, ob ich in den Puff gehe. Heute behandeln viele Kerle in dem Alter das Thema entspannter. Für die ist es teilweise normal, dass sie am Samstag, bevor sie in den Club gehen, einen Abstecher ins Bordell

machen. Guter Sex mit einer Nutte ist für die ein Stück Selbstbestätigung und der Puffbesuch eine Möglichkeit zur Entspannung, nach der sie ohne Druck feiern können. Umgekehrt gibt es auch die Prostituierten, für die der Job reines Vergnügen ist. Eine Tattoo-Kundin erzählte mir neulich, dass sie in einem Saunaclub arbeitet, wo sie sich nur Typen aussucht, die ihr gefallen, und auf diese Weise ihre nymphomane Ader auslebt. Die Branche hat sich in den letzten Jahren also sehr verändert. Aber so weit sind wir noch nicht.

Es war Mitte der neunziger Jahre, als ich mir das erste Mal eingestand, dass die Puffthematik mich faszinierte. Vorher hatte ich das über Jahre vor mir selbst verleugnet, wie manche Männer es vermutlich ihr ganzes Leben lang tun. Was bekloppter ist, muss jeder selbst wissen, ich aber beschloss (getreu dem Motto, dass man Dinge ausprobieren muss, wenn sie einen beschäftigen), dass ich mir das Ganze zumindest mal angucken sollte. Als ich dann auf einer Party auch noch an Kuddel und Denni geriet, zwei Typen, die angeblich regelmäßig im Puff einen wegsteckten, wurde das Projekt konkret. Wir wälzten Zeitungsannoncen, holten Meinungen Dritter ein und hielten bewusst nach Läden Ausschau, die weit entfernt von unseren eigenen Wohnvierteln lagen. Dabei wurde ziemlich schnell klar, dass die zwei in Wirklichkeit nicht viel mehr Ahnung hatten als ich selbst. Uns hätte allen dreien im Supermarkt eine Nutte über den Weg laufen können, und wir hätten sie nicht erkannt, selbst wenn man uns mit der Nase in ihr Dekolleté gestoßen hätte. Doch allein die Möglichkeit, dass die beiden sich auskannten, gab mir das zusätzliche bisschen Sicherheit, das mir in diesem Bereich fehlte. Irgendwann war klar: Wir fahren nach Berlin-Moabit in die Turmstraße. Zu einem Puff mit dem verschärften Namen »Bei Gabi«. Die Anreise erfolgte per Taxi, das Budget pro Nase betrug 100 D-Mark. Das war ziemlich knapp kalkuliert, aber das merkten wir erst später. Als der Fahrer unser Ziel erreichte (wir ließen uns zwei Straßen früher absetzen, um keinen Verdacht zu erregen), meinte Kuddel großkotzig: »Ich übernehme dann mal das Taxi, Jungs!«

Damit waren die ersten 20 Mark weg. Ich werde den Rechenmodus bei dieser Geschichte beibehalten, weil er für das Grundgefühl einer ersten Pufferfahrung entscheidend ist. Da läuft im Hintergrund permanent die Zähluhr mit.

Kurz darauf standen wir vor einem stinknormalen Wohnhaus, das nur die kleine Besonderheit aufwies, dass zwischen den Klingelschildern von »A. Meier«, »B. Müller« und »C. Schmidt« auch ein etwas größeres mit der Aufschrift »Bei Gabi« zu finden war. Wir klingelten, und es passierte erst mal nichts. Dafür kam es mir vor, als ob auf dem Gehweg auf einmal die Rushhour losgebrochen wäre. Das Gefühl, dass jedes Pärchen, jedes schicke Mädchen und jeder alte Opa uns als Pufftouristen schief anguckte, ließ jeden Passanten zehnfach zählen. Das Haus hätte genauso mit nackten Weibern, Kondomgirlanden und blinkenden Rotlichtern dekoriert sein können, in meiner Wahrnehmung hätte das an der Offensichtlichkeit unseres Anliegens nichts geändert. Als nach einer gefühlten Ewigkeit endlich der Türöffner summte, stürzten wir wie von der wilden Sau gebissen in die schützende Anonymität des Hausflurs. Dann ging's in den dritten Stock. Kuddel marschierte mit den Worten »Dann mal los, Jungs« voran, Denni war hinter ihm, dann kam ich. Auf der Treppe kamen uns zwei solide Herren entgegen. Wie viel Pech konnte man eigentlich haben? Ausgerechnet in den zwei Minuten, in denen wir zu Gabi hochstolperten, mussten uns Amateurfreiern auch noch die Hausbewohner begegnen. Der Gedanke, dass die Männer Stammgäste bei Gabi sein könnten (was sie mit Sicherheit waren), kam mir nicht in den Sinn. Also: Kopf runter und vorbei.

Im dritten Stock empfing uns ein bulliger Typ mit Rockerzopf und schicker Fliege um den Hals.

»Na, Männer, wo soll's denn hingehen?«, bollerte er.

Bescheuerte Frage. Es war ja wohl offensichtlich, wo wir hinwollten. Da Kuddel heute aber offenbar einen Anführer gefrühstückt hatte, sagte er in gespielter Lässigkeit: »Ich wollte mit meinen Jungs zu Gabi. Ist mal wieder fällig.«

Spontan fühlte ich mich an die Pseudofloskeln aus meinen Clubanfängen erinnert. Und tatsächlich entpuppte sich Kuddels und Dennis vermeintliche Kenntnis der Puffszene in den nächsten Minuten als reine Angabe.

»Freut mich«, polterte der Fliegenzopf. »Dann zahlst du für deine Jungs ja bestimmt den Eintritt mit.«

Von hinten sah ich, wie mein Kumpel an Haltung verlor, und hörte sein irritiertes »Eintritt?«, doch das Gegenüber trompetete ungerührt: »Sechzig Mark, mein Lieber.«

Damit waren Kuddels Reserven auf 20 und unser Gesamtbudget auf 220 Mark geschrumpft. Wir würden drinnen Kassensturz machen müssen. Aber erst mal schob uns der Mann mit der Fliege in die Wohnung, wo ich große Augen machte. In dem Laden war es voll wie in der U-Bahn. Der Gang durch den Flur war ein Spießrutenlauf vorbei an gaffenden und sabbernden Kerlen, denen jedes Mal die Augen übergingen, wenn eine Nutte mit einem Freier an der Hand an ihnen vorbeispazierte. Hinter ihnen gab es mit halbtransparenten Seidengardinen verhängte Türen, hinter denen es quiekte und wackelte wie bei einem Kirmes-Rodeo. Ein mattrot schimmerndes Inferno war das hier. Und heiß war es. Und stickig. Wie sollte ich denn bitte in dieser Atmosphäre einen gebacken kriegen? Ich war völlig überfordert. Und an den entgeisterten Blicken meiner Kumpels konnte ich ablesen, dass es ihnen genauso ging.

Wir traten in einen größeren Raum mit einer Bar. Auf jedem dritten Hocker saß eine Nutte, drum herum Rentner, scheue Nerds und Pseudo-Checker wie wir. Ein junger Türke versuchte gerade, eine der Frauen von einem Fünfziger auf 30 Mark fürs Blasen runterzuhandeln. Blasen? Nichts lag mir ferner. Wenn sich in diesem Moment der Boden geteilt und eine tiefe Schlucht vor uns aufgetan hätte, wäre ich der Erste gewesen, der hineingesprungen wäre. Da das nicht geschah, hallte uns stattdessen das Brüllen des Barkeepers entgegen: »Na, Männer? Was darf's denn zu trinken sein?«

Kuddel zögerte und sah uns hilfesuchend an.

Der Barkeeper: »Hab euch hier noch nie gesehen.«

Wollte der Schreihals uns jetzt auch noch als Anfänger brandmarken?

»Das erste Mal hier, wie?«
Er wollte.
»Dann guckt euch erst mal unsere Damen an. Da kriegen Typen wie ihr ganz feuchte Augen, was?«
Überstürzt bestellte ich drei Jack-Daniels-Cola, nur damit er die Fresse hielt. Während ich wartete, fiel mir eine Hocker-Lady auf, die mit ihrem süßen Hohlkreuz und ihrem sinnlichen Schmollmund sofort meinen Beschützerinstinkt weckte. Sie saß in der Ecke und drehte den Kopf hin und her, als würde sie Entspannungsübungen machen. Dabei kam ihr schöner, zarter Hals zur Geltung.
»Dich befrei ich aus dieser Hölle«, zuckte es mir durch den Kopf. »Ich hol dich hier raus. Ich bin dein Ritter.«
Meine Träumerei wurde jäh von einem »60 Mark dann, bitte« unterbrochen. Als ich mich umdrehte, standen die kleinsten Jack-Daniels-Cola-Gläser vor mir, die mir in meinem bisherigen Leben untergekommen waren. Meine »Ganz schön teuer«-Anmerkung wurde von einem lapidaren »Tja, wir sind hier nicht bei Kaiser's« beantwortet, dann zupfte mir der Barmann meinen Hunderter aus der Hand und tauschte ihn gegen zwei Zwanziger um, die er mir mit der Bemerkung »Trinkgeld kann ich von den Herrschaften vermutlich nicht erwarten …« in die Hand drückte.
Zwischenbilanz: Kuddel 20, Denni 100, ich 40 Mark. Große Sprünge konnten wir damit vermutlich nicht mehr machen. Zumindest nicht alle. Etwas geknickt stießen wir an, da krabbelte es auch schon an meinem Rücken: »Na, Süßer, willst du was Schönes machen?«

Ich wirbelte herum und meinte reflexartig: »Ja!«
Eine riesige Bohnenstange mit auftoupierten Haaren und Hängetitten stand vor mir. Sie spulte ihr Angebot runter, als wäre es eine Speisekarte: »Blasen 50, Blasen-Anal 75, wenn du deine Brieftasche noch ein bisschen weiter aufmachst, dann klappt's auch mit etwas ausgefallener Erotik. Lust auf irgendwas davon, mein Kleiner?«
Wieder reagierte ich mit einem spontanen »Ja«. Sie grinste frivol. Doch ich fügte hinzu: »Aber nicht mit dir, 'tschuldigung.«
Ich bekam einen roten Kopf und ein schlechtes Gewissen, aber der Frau schien die Ansage gar nichts auszumachen. Unverdrossen wanderte sie weiter zu Denni, der bisher unbeteiligt an der Bar gestanden und in die Gegend gestarrt hatte. Ich nutzte die Gelegenheit zur Lagebesprechung mit Kuddel.
»Wie war das jetzt? Blasen 50, Anal 75?«
»Ich hab nur noch 20, verdammt. Krause, ich muss dir was gestehen.«
»Jetzt erzähl mir nicht, du warst noch nie im Puff.«
»Genauso ist es.«
»Was du nicht sagst. Da wäre ich überhaupt nicht draufgekommen.«
»Echt nicht?«
»Scheiß drauf. Wir beide haben zusammen noch 60 Mark, Denni hat 100. Wir können theoretisch also alle drei …«
Auf einmal knallte hinter uns ein Korken, und das penetrante Organ des Barmanns dröhnte »Schampus«.
Wir drehten die Köpfe und mussten feststellen, dass der geknickte Denni mit der auftoupierten Bohnenstange am

Tresen saß. Beide hielten ein Sektglas in der Hand, und der Barmann schenkte ein.
»Danke, süß von dir«, schnurrte die Nutte, und der Barmann tönte: »Das nenn ich spendabel. Von dieser Großzügigkeit kann sich dein Freund eine Scheibe abschneiden. 100 Mark dann bitte.«
Mit einem entgeisterten Achselzucken sah unser Kumpel uns an, dann ging er dahin, unser letzter Hunderter für diesen Abend.
Gemeinsam stürmten wir auf Denni zu: »Drehst du total am Rad? Du kannst doch nicht unser ganzes Geld für Schampus ausgeben!«
»Tut mir leid«, flüsterte er. »Die Alte hat mega genervt mit ihrem ›Gibst du mir 'nen Sekt aus?‹. Ich dachte, ich werd sie los, wenn ich's tu.«
»Schöne Scheiße.«
»Kann doch keiner ahnen, dass die gleich 'ne ganze Flasche bestellt.«
»Wenigstens lässt sie dich mittrinken.«
»Und dass der Fusel 'nen Hunderter kostet. Ach, übrigens, Krause …«
»Schon klar, du warst noch nie im Puff.«
»Stimmt.« Er nickte und kippte sein Sektglas in einem Zug runter. Mein Blick wanderte zu meiner Hocker-Prinzessin mit dem Schmollmund. Noch immer fand ich sie hübsch und noch immer wollte ich sie retten. Zu meinem Entsetzen schäkerte sie gerade mit einem Schrank von Typen herum, der doppelt so breit war wie ich, sich allerdings gerade an die Bar verabschiedete. Geistesgegenwärtig meinte ich zu Kuddel: »Los, gib mir deinen Zwanziger.«

Er tat es, ohne zu murren, und ich steuerte mit weichen Knien auf mein Objekt der Begierde zu. Als ich vor meiner Prinzessin zum Stehen kam, lächelte sie mich an. Und mir fiel blöderweise nichts Besseres ein als »Was Schönes machen?«. Wer war hier eigentlich die Nutte?

»Süßer, tut mir leid, ich hab schon zu tun.«

»Aber ich ...«

»Wie viel Geld hast du denn?«

»Ähm ... Sechzig?«

»Du, sorry, dafür geht bei mir sowieso nichts.«

Im nächsten Moment schob mich der Schrank von eben zur Seite, drückte ihr ein Glas in die Hand, und sie stießen an. Kurz darauf verschwanden sie im Gang mit den Seidengardinen. Meine Ritterlichkeit war hier offenbar nicht gefragt. Willkommen in der Realität.

Damit war so einigermaßen alles danebengegangen, was bei einem ersten Puffbesuch schieflaufen kann. Fassen wir mal kurz zusammen.

Erstens: Wenn du in den Puff gehst, halte deine paar Kröten zusammen. Sowohl Nutten als auch Personal merken sofort, dass du Frischfleisch bist, und werden deine Unsicherheit gnadenlos ausnutzen!

Zweitens: Lass dich nie von einer Nutte bequatschen, ihr einen Sekt auszugeben. Selbst wenn du sie toll findest. Ich weiß inzwischen, dass nach der Flasche Sekt sexuell in der Regel nichts mehr geht. Die meisten Nutten bestellen sie nur, weil sie auf die überteuerten Preise an der Bar Provision bekommen.

Drittens: Bilde dir nicht ein, dass du den Ritter spielen kannst. Wir sind hier nicht bei »Pretty Woman«. Die

Frauen im Puff machen ihren Job, und du bist ihr Kunde. Damit herrschen klare Verhältnisse. Die Gesellschaft unterstellt diesen Frauen gerne, dass sie Opfer sind und gerettet werden wollen. Dafür gibt es Gründe, aber es ist auch anmaßend und häufig Quatsch. Sex muss nicht immer mit Romantik zu tun haben.

Viertens: Wenn du im Puff landest, dir keine der anwesenden Frauen gefällt oder dich die Situation so überfordert, dass du gar keine Lust mehr aufs Ficken hast, lass es bleiben. Es kommt sonst nur ein teures Nichts dabei heraus. Ich weiß, wovon ich spreche. Und damit zum »Bei Gabi«-Endspurt.

Meine Traumprinzessin war weg, die Eiswürfel in meiner Jack-Daniels-Cola schmolzen immer schneller, Kuddel hatte resigniert, und Denni war immer noch mit der Bohnenstange beschäftigt. Damit war ich einerseits auf dem Boden der Tatsachen angelangt, andererseits glaubte ich auch, allmählich zu kapieren, wie die Sache hier lief. Hatte mich das »Na, Süßer, was Schönes machen« anfangs noch aufgeregt und unter Druck gesetzt, so merkte ich jetzt, dass es ganz egal war, ob und wie ich darauf reagierte. Die Mädels schienen sich keine Gesichter, keine Haarfarbe und keine Glatze einzuprägen. Wie ferngesteuert klapperten sie jeden Mann ab, der sich im Raum befand, und wenn sie alle einmal durchhatten, fingen sie wieder von vorne an. Das machte das Ganze nicht unbedingt erotischer, aber ich reagierte auf die Situation, wie ich es zu fortgeschrittener Stunde in einer Bar auch tue. Ich wurde kompromissbereiter. Hier guckte ich mir den Hintern der kleinen Dicklichen mit der Schleife am Dekolleté schön, dort überlegte ich, wie die Burschikose mit dem Kurzhaarschnitt wohl aussehen würde, wenn sie sich erst mal vornüberbeugte, und schließlich fand ich, dass das etwas biederwirkende Klärchen mit dem Pferdeschwanz zwar ein Mondgesicht, aber auch einen ziemlich knackigen Hintern hatte. Ich mache es kurz: Als Klärchen ihren Spruch zum dritten Mal an mir ausprobierte, war mein Drink alle, ich sagte »Ja« und meinte es auch so. Sie zog mich in den Gang mit den sabbernden Kerlen und den Vorhangkabinen. Ich wollte mich gerade ein bisschen aufblasen wie ein Gockel, der die schönste Henne in den Stall führt, als mir auffiel, dass weiter hinten im Gang nicht nur Kerle rumstanden, sondern auch Schönheiten von weiblicher Grazie, die meinem Klärchen an Attraktivität um Lichtjahre voraus waren. Die sahen toll aus, die lächelten sexy, die machten lockere Sprüche. Ich hätte mich am liebsten sofort losgerissen. Aber nichts ging. Das Mondgesicht hielt meine Hand umklammert wie ein Dachdecker einen Balken und zog mich von den Schönheiten weg. Das Mädel wusste genau, wo sie mit mir unterwegs war und dass sie Gefahr lief, ihren frisch gepflückten Kunden an die Konkurrenz zu verlieren. Aber wahrscheinlich wusste sie auch, dass ich als blutiger Anfänger nie den Mumm haben würde zu sagen: »Stopp mal, bitte. Ich würde hier gerne noch mal tauschen.«

Platsch. Ich landete rücklings auf einer zu weichen Matratze, und der Seidenvorhang schloss sich wie in Zeitlupe vor dem Granaten-Catwalk. Ich war mit Klärchen alleine. Und mir war mit einem Schlag klar: Das mit uns würde nicht klappen. Bei mir rührte sich gar nichts. Nicht, als

Klärchen ihren Pferdeschwanz öffnete und ihr Top ablegte. Auch nicht, als sie in die Knie ging und versuchte, meinen kleinen Klaus anzulutschen. Und erst recht nicht, als sie nach ein paar erfolglosen Versuchen mit einem mütterlich, pragmatischen Unterton in der Stimme meinte: »Na, sag mal. Meinst du, das wird heute noch was hier?«

»Weiß nicht so genau …«, log ich.

Daraufhin versuchte sie es noch zweimal, um anschließend aufzustehen und mit dem gleichen Unterton in der Stimme zu sagen: »Weißte was, mein Kleiner, machen wir uns nichts vor. Ich glaube, das wird nichts mit uns.«

Irgendwie war ich erleichtert.

»Nächstes Mal ein bisschen weniger trinken, dann klappt's auch mit der Erotik.«

Erotik, schon klar.

»So, dann mal her mit deinen 60 Märkern.«

Ihr werdet es nicht glauben, ich drückte ihr das Geld ohne Widerspruch in die Hand und sah zu, dass ich rauskam aus diesem Gruselkabinett. Mit gesenktem Kopf schlurfte ich an den Schönheiten vorbei durch den Gang zurück. Am Tresen hatten meine Kumpels sich mittlerweile mit dem Barmann in die Haare bekommen, weil sie kein Geld mehr hatten, um etwas zu bestellen. Im nächsten Moment stand schon der Fliegenzopf von der Tür hinter uns und schob uns grob zum Ausgang, wo er uns ein wohlmeinendes »Männer, legt euch erst mal anständige Manieren zu, dann klappt's auch mit der Erotik« hinterherbrummte. Der Spruch mit der Erotik schien eine Art hausinterner Running Gag zu sein. Meine Kumpels und ich konnten in diesem Moment leider nicht drüber

lachen. Wir standen auf der Straße, als hätte uns die Erde für zwei Stunden verschluckt und wieder ausgespuckt, und stellten ernüchtert fest, dass wir keinen Pfennig mehr in der Tasche hatten. Wir fuhren mit dem Bus nach Hause. Schwarz. Das war also mein erster Puffbesuch. Damals dachte ich, es würde sicher mein letzter sein. Es sollte anders kommen. Aber immerhin hatte ich auch hier schon einiges gelernt.
Fünftens: Natürlich stehen die wahren Schönheiten im Puff auf den Gängen und nicht in der Bar herum. Weil sie nämlich was zu tun haben. Im Schankraum lungern meist die Mädels rum, die entweder die Konkurrenz meiden wollen oder eigentlich schon Feierabend haben und sich nur auf Kosten der Freier abschießen wollen.

//

Beklopten-Weisheit Nummer 8:
Nein, ich gebe keinen Sekt aus. Ja, ich möchte was Schönes machen – aber erst beim nächsten Mal.

//

ANAPOLON 50

Samstagabend. Du willst es heut mal so richtig krachen lassen. Die Haare sind extraverrückt gekämmt, der neue bunte Gürtel sitzt wie angegossen, du hast dich die ganze

Woche bei McFit aufgeblasen wie ein Profi und zu Hause vorm Spiegel noch mal hundert Liegestütze gemacht. Dann ziehst du los und reihst dich mit einem geilen Selbstbewusstsein in die Schlange vor dem Club ein. Irgendwann stehst du vorm Türsteher. Ein Riesentier, der Typ, höher als die Berliner Mauer, Arme wie Oberschenkel, und er regt sich nicht. Er starrt nur durch dich hindurch. Du guckst ihn an, guckst wieder weg, guckst wieder hin, aber diese Maschine von Mann rührt sich immer noch nicht. Das verunsichert dich, deshalb tust du nach zehn Sekunden, in denen du versucht hast, seinem Blick standzuhalten, wieder so, als ob du nur an ihm vorbeigucken würdest. In diesem Moment ist dein Selbstbewusstsein schon um die Hälfte geschrumpft, und so langsam wird dir klar: Scheiße, das wird heute nichts hier. Kurz darauf folgt die Bestätigung. Der nächste Schwung Leute wird reingelassen, die schönsten Frauen tippeln an dir vorbei in den Club, aber du wirst vom Oberschenkel-Arm des Türstehers und einem wortlosen Kopfschütteln daran gehindert hinterherzuwackeln. Damit bist du abgeblitzt. Du kommst hier heute nicht rein.

Was nun?

Mir ist diese Situation aus zwei Perspektiven bekannt. Einerseits kenne ich das Gefühl, nicht in einen Laden reinzukommen, kenne den Hass, den man in solchen Momenten auf die Türsteher, aber auch auf sich selbst entwickelt. Andererseits habe ich selber eine Weile an der Tür gestanden und kann mich auch in die andere Seite hineinversetzen. Also weiß ich: Es gibt drei Arten, wie Menschen mit einer solchen Situation umgehen. Gut sortierte Leute mit einem strammen, starken Charakter drehen sich auf dem Hacken um, gehen in eine vernünftige Bar zwei Straßen weiter und scheißen drauf. Im Grunde ist das der einzig richtige Weg. Trotzdem gibt es natürlich die Dummköpfe, die anfangen zu diskutieren. Meist mit so diplomatischen Sätzen wie »Was willst du, Wichser? Ich muss da rein, Alter.« Je nach Temperament geht das dann auch mal so lange, bis sie eins auf die Mütze kriegen und in die Ecke fliegen. Manche Leute kommen auch noch zweimal wieder und holen sich eine zweite und dritte Schelle ab. Übrigens eine Vorgehensweise, die ich nie begreifen werde. Das Sinnloseste, was man tun kann, ist, mit einem Türsteher Streit anzufangen. Erstens weil er sich dann möglicherweise dein Gesicht einprägt und dich in der nächsten Woche wieder nicht reinlässt, zweitens weil er nie seine Autorität dadurch in Frage stellen wird, dass er sich von Leuten weich quatschen lässt. Ein Nein ist ein Nein, und eine Erklärung dafür wird es in den seltensten Fällen geben. Das ist assi, aber es ist Fakt. Und damit zur dritten und wahrscheinlich häufigsten Art und Weise, wie Leute eine Abfuhr wegstecken: Sie stehen da wie begossene Pudel, denken in Endlosschleife »Du Wichser, du Schwein, du Penner« und meinen damit gleichzeitig den Türsteher und sich selbst. Denn natürlich fühlen sich viele minderwertig, wenn sie in einem Laden abgewiesen werden. Und natürlich ist es demütigend, wenn die Kumpels oder das Mädchen, das heute abgecheckt werden sollte, im Gegensatz zu dir reinkommen. Da fühlt man sich wie Scheiße, und es wird alles sinnlos: die fünf zurückliegenden Arbeitstage, die

die ganze Zeit von der Vorfreude aufs Wochenende getragen wurden, die aufgekämmte Frisur und der bunte Gürtel, die Spannung auf den geilen Puppentanz im Club. Alles für den Arsch. Nur weil deine Nase irgendeinem Viech mit Oberschenkel-Armen nicht gepasst hat.
Nun gut, alles geht vorbei, doch der Stachel der Niederlage bleibt. Und deshalb entwickelt das Unterbewusstsein bei vielen so einen »Ich will das auch haben«-Instinkt. Und das bedeutet zumindest für Männer: Fitnessstudio, Fitnessstudio, Fitnessstudio. Denn: Frauen finden Muskeln schön, und Männern flößen sie Respekt ein. So hab ich mir das zumindest gedacht.
Ich war immer ein Knirps, der sich zu klein fühlte und der gerade deshalb meinte, es allen beweisen zu müssen. Und da ich Mitte der neunziger Jahre meine Punkzeiten hinter mir gelassen hatte und in ziemlich halbstarken Rockerkreisen verkehrte, musste ich mithalten. Allerdings wurden die Komplexe im Fitnessstudio sofort weiter kultiviert. Da gab es nur die spackeligen Typen mit den Radlerhosen und die Tiere, die aussahen wie der Türsteher und bei jedem Gewicht, das sie stemmten, erst mal laut schrien. Dazwischen gab's irgendwie nichts, und da ich nun mal nicht aussah wie ein Tier, hampelte ich ohne sichtbaren Erfolg zwischen den Radlerhosen herum, was den Effekt hatte, dass ich nach drei Wochen keinen Bock mehr auf den ganzen Mist hatte und nicht mehr hinging. Scheiß auf die Beiträge, die ich für das ganze kommende Jahr bezahlt hatte.
Irgendwann erzählte ich einem Kumpel davon, der mich dann in einen kleineren, privateren Laden mitnahm. Da

gab es nur um die 60 Mitglieder, und es herrschte eine recht familiäre Atmosphäre, in der man sich noch über verschiedene Trainingsmethoden austauschte. Auf einmal konnte selbst ich mit meinen Erfahrungen vom Boxtraining in der Teenagerzeit den großen Muskelprotzen noch was erklären. Daraus entstand ein Gemeinschaftsgefühl, das nicht nur sehr motivierend war, sondern auch unweigerlich und in ziemlich kurzer Zeit auf den großen Honigtopf zuführte. Denn es gab ein kleines Problem: Ich trainierte zwar wie ein Stier, aber während alle anderen immer breiter wurden, passierte bei mir vergleichsweise wenig. Ich hab dann immer geguckt, ob die sich anders ernährten als ich. Aber nur, um festzustellen, dass sie zwar mehr, aber nicht anders aßen als ich. Mich kleinen Ersatzmacho hat das völlig wahnsinnig gemacht, weil ich es nicht verstehen konnte, bis mir eines Tages einer meiner Studiokollegen zwei Tabletten in die Hand drückte und meinte: »Hier, Junge, nimm das mal. Fängst bei zwei Dingern täglich an und steuerst dann langsam hoch auf fünf.«

Ich guckte auf die Pillen in meiner Hand und verstand erst mal nur Bahnhof.

»Aber mach nicht gleich zu viel, sondern probier erst mal, okay?«

Ich nickte und meinte: »Und was ist das genau für ein Zeug?«

»Anapolon 50.«

Darauf meldeten sich gleich drei Muskelprotze an ihren Geräten zu Wort. »Hey, das ist gutes Zeug«, »Probier das auf jeden Fall aus«, »Nehm ich auch, Alter«, tönte es

durcheinander, und einer kam sogar zu uns rübergewackelt und meinte zu dem Kollegen mit den Tabletten: »Hey, ich nehm übrigens auch noch 'ne Schachtel.«
In meinem Übermut plapperte ich diesen Satz einfach nach, nahm noch eine Packung zusätzlich und eh ich michs versah, war ich mittendrin in meiner Anabolikakur. Meine ersten zwei Tabletten wirkten erst mal gar nicht. Die nächsten zwei auch nicht. Aber nach einer Woche stand ich vor dem Spiegel und sah schon deutlich bulliger aus als vorher. Ich bekam dann auch Stück für Stück die Informationen, die man eigentlich schon vor einer wie auch immer gearteten Maßnahme haben sollte: Eine Anabolikakur dauert vier bis sechs Wochen, und du musst neben den Tabletten hart trainieren, um Muskeln aufzubauen. Nach dem Absetzen der Tabletten verlierst du nämlich die Hälfte der antrainierten Masse wieder. Was folgert ein Idiot wie ich daraus? Genau: Je mehr Tabletten, desto mehr Muskeln, desto mehr Muskeln bleiben am Ende übrig. Ich habe meine Tabletten-Tagesdosis also rasant hochgeschraubt und mir zusätzlich noch eine Testosteronspritze verpassen lassen, nach der ich endgültig aus allen Nähten platzte. Die Jungs mussten mir teilweise das T-Shirt vom Körper reißen, weil es nach drei Stunden Training nicht mehr passte. Nach vier Wochen hatte ich sagenhafte 20 Kilo zugenommen, sah aus wie Herkules im Pocket-Format und passte nur noch seitlich durch die Tür. Ich muss ausgesehen haben wie eine Kuh, aber ich fand das geil. Was allerdings nicht so geil war: Ich hatte Nierenschmerzen, ich pisste Blut und bekam Pickel, dass man auf meinem Rücken wahrscheinlich ein ganzes Märchen-

buch in Blindenschrift hätte lesen können. Komischerweise bekam ich trotz meiner Masse plötzlich auch viel mehr aufs Maul, weil ich mich nicht mehr richtig bewegen konnte. Die Wendigkeit, die mich früher beim Boxen ausgezeichnet hatte, war wie weggeblasen. Andererseits: Wenn meine Popeye-Faust erst mal irgendwen traf, dann ist der aber auch ein paar Meter gesegelt.

Eigentlich war das alles nicht schön. Ich bekam einen Wasserkopf und eine Wampe und sah eigentlich nur noch aus wie ein aufgepumpter Klumpen, aber ich merkte es nicht. Das Zeug verdreht die Psyche genau wie jede andere Droge. Du verlierst jedes Maß und merkst selber gar nicht mehr, wie scheiße du eigentlich aussiehst. Ich hatte diesbezüglich ein Schlüsselerlebnis, das mich ziemlich brutal auf den Boden der Tatsachen zurückholte. Nachdem ich mir neben dem Anapolon auch noch die Testosteronspritze gesetzt hatte, war ich nicht nur auf dem Höhepunkt meiner Bulligkeit, sondern obendrein dauergeil und hab in einer Bar eine Frau angebaggert. Grundsätzlich wie immer, mit einem lockeren Spruch, aber wahrscheinlich mit zehnfachem Ego. Sie war zwar seltsam reserviert bei den paar Worten, die wir wechselten, doch ich blieb penetrant dran, und sie ließ es über sich ergehen. Wahrscheinlich nur, weil ihre Freundin gerade mit einem anderen Macker quatschte. Sie erzählte mir, dass sie ihre Freundin schon seit Ewigkeiten mit ihm verkuppeln wollte, weil sie so ein schönes Paar seien. Damit sah ich meinen großen Moment gekommen und ging in die Charmeoffensive: »Du musst aber nicht nur an andere denken«, balzte ich. »Denk auch mal an dich. Wir beide wären doch zum Beispiel auch ein schönes Paar.«

Nach diesem Satz erstarrte sie kurz, dann lachte sie laut los, stieß ihre Freundin an und prustete: »Jasmin, der Pfannkuchen hier meint, er und ich wären ein schönes Paar. Ich brauch mal deine Meinung, bitte.«

Das mit dem »Pfannkuchen« überhörte ich geflissentlich, baute mich neben dem Mädel auf, grinste und erwartete ein anerkennendes Urteil – das natürlich nicht kam … Jasmin fing ebenfalls an zu prusten und fragte: »Um was für ein Paar soll's denn gehen? Als Dick und Doof wärt ihr vermutlich nicht schlecht.«

Daraufhin gackerten sie beide los wie die aufgescheuchten Hühner, und der Typ, mit dem Jasmin anbändelte, stimmte ebenfalls mit ein. Ich winkte ab und machte mich vom Acker. Mein Testosteron-Anabolika-Ego bewahrte mich in dem Moment davor, ihre vernichtende Reaktion allzu persönlich zu nehmen, als ich aber zu Hause vor dem Spiegel stand, mit meinen Nierenschmerzen, meinen Pickeln und meiner mangelnden Bewegungsfreiheit, wurde mir klar: Okay, du musst wieder einen Gang runterschalten. Es ist einfach so: Diese übertriebenen Bodybuilder finden die wenigsten Frauen anziehend. Die Proportionen müssen schon noch stimmen, sonst ist man nur noch die dicke Murmel, die durch die Gegend rollt und bei der auch die originellste Anmache nicht mehr witzig, sondern lächerlich rüberkommt. Heute wahrscheinlich noch mehr als damals. Heute gehen schließlich jede zweite Frau und jeder zweite Mann im Alter zwischen 20 und 30 ins Fitnessstudio, deshalb wissen auch die meisten von denen, dass die übertriebenen Muskelprotze sich Spritzen und Pillen reinschrauben, was letztendlich ja die wenigsten wirklich toll finden. Der extreme Körperkult heute schärft auch das Bewusstsein für die Natürlichkeit der Verhältnisse. Umgekehrt fahren ja auch die wenigsten Männer auf Frauen ab, die einen Bizeps haben wie King Kong, zwei Fußbälle als Titten und braunschwarz gebrannt sind, als hätten sie ihren letzten Urlaub in einem Toaster verbracht. Im besten Fall findet eine solche Frau zu einem Typen, der äquivalent 150 Kilo reine Muskelmasse mit sich rumschleppt und eine pinkfarbene Jogginghose, Baseballmütze und ein Hip-Pack trägt. Die können dann Fotos von sich machen, die Bilder ohne jegliches Umzeichnen in ein Comicheft kleben und als Karikatur ihrer selbst zum Fasching gehen. Da sie aber in ihrer eigenen Pumperwelt leben, bilden sie sich in der Regel ein, dass sie diejenigen seien, die in unserer Welt die Maßstäbe setzen. So wie diese Leute übertreiben, haben sie als Kinder wahrscheinlich keine Frösche mit dem Strohhalm, sondern Krokodile mit 'nem Ofenrohr aufgeblasen. Oder genau das Gegenteil, ich weiß es nicht.

Ich habe mein Anapolon jedenfalls nach dieser Abfuhr von einem Tag auf den anderen abgesetzt, ohne darauf zu achten, die aufgebauten Muskeln anständig abzutrainieren und die entsprechenden Gegenmittel zu nehmen. Du musst nach so einer Kur hart weiter Gewichte stemmen und obendrein HCG-Präparate nehmen, die deinen Hormonhaushalt in Balance halten, sonst bleiben am Ende Spitztitten, ein schlaffer Bauch und generelle Schwammigkeit übrig. Das heißt: Für vier Wochen Muskelmachodasein habe ich mit mehreren Monaten beschissenem Feeling, Cardioprogramm, Hanteltraining und Laufen bezahlt, bis ich wieder auf Normalmaße geschrumpft war. Das Laufen und die Hanteln sind geblieben, und heute weiß ich, dass ein gutes Körpergefühl einer perfekten Optik auf jeden Fall vorzuziehen ist. Nur wenn dein Körper und dein Kopf einigermaßen zueinander passen, kannst du selbstbewusst rüberkommen. Die meisten, die auf die eine oder andere Art künstlich nachhelfen, bekommen irgendwann Probleme. Und wenn Supermann und Superfrau sich doch geil finden in ihrem Anabolikarausch, sollten sie wenigstens darauf achten, dass ihr Körper ihren Ambitionen hinterherkommt. Nierenschmerzen haben und Blut pinkeln ist nämlich auf jeden Fall unsexy.

// Beklopptenweisheit Nummer 9:
Je härter die Muskeln, desto weicher die Birne. //

VORSICHT, DIE SIND NOCH FRISCH

Was den Kerlen Anabolika, sind den Frauen Silikontitten. Den Dingern wohnt ein rätselhafter Irrsinn inne. Zum einen, weil sie sowohl Männer als auch Frauen faszinieren, zum anderen, weil auffällt, wie viele Ladys, die mit Silikon anfangen, irgendwann übersteuern. Eine Kundin von mir hat sich ihre Titten innerhalb von zwei Jahren dreimal vergrößern lassen. Jedes Mal, wenn sie zum Tätowieren kam, war ihr Busen größer als beim letzten Mal. Das ging von 300 über 450 bis zu 600 Gramm pro Brust. Da man mit ihr locker reden konnte, habe ich sie beim dritten Mal gefragt, ob sie nicht langsam Ausgleichgewichte auf dem Rücken tragen müsste.

»Wieso? Hab ich ’nen krummen Rücken?«

»Nein, ich mein ja nur.«

»Gefällt dir mein Busen nicht?«

»Doch, doch. Schön geworden.«

»Willst du mal anfassen?«

Wie bitte? Natürlich wollte ich mal anfassen, doch dass mich eine Frau fragte, ob ich ihr die Titte streicheln will, als ob's eine Katze wäre, fand ich schon ungewöhnlich. Aber wozu bin ich Profi? Ich ließ sie meine Hand führen und betastete ihre 600-Gramm-Brust. Absurderweise war es eine komplett unerotische Situation, reines Begutachten.

»Und?«, fragte sie.

»Na ja«, meinte ich. »Fühlt sich halt … hart an. Irgendwie komisch.«

»Findest du?« Sofort nahm sie meine Hand weg. »Wieso denn komisch?«

In dieser Reaktion lag all die Tragik, die in der ganzen Silikonarie drinsteckt. Statt mit sprichwörtlich stolzgeschwellter Brust vor mir zu sitzen, war diese Frau total verunsichert. So wie sie vorher damit gehadert hatte, dass ihre Titten ihrer Meinung nach zu klein waren, haderte sie jetzt damit, dass sie vielleicht zu groß, zu hart, zu komisch, zu stramm oder zu was weiß ich was sein könnten. Die meisten Frauen legen sich unters Messer, weil sie Komplexe haben. Dann kriegen sie ihr Silikon und würden anschließend am liebsten jeden auf der Straße ansprechen: »Gefallen dir meine Titten?«

Da man so was in unserer Gesellschaft nicht tut, lassen sie es bleiben und sind im Prinzip genauso verunsichert wie vorher. Wenn sie dann aber doch mal ein Urteil bekommen, das nicht lautet »Dein Busen sieht super aus«, brechen sofort die Komplexe wieder durch. Ähnlich ist es mit der Beachtung. Eigentlich lassen sich viele Frauen die Brüste machen, um mehr Beachtung zu bekommen. Als Mann bist du aber so konditioniert, dass es unhöflich ist, einer Dame aufs Dekolleté zu starren. Also sagen wir uns im Gespräch mit Tittenmaus krampfhaft: »Nicht hingucken, nicht hingucken, nicht hingucken!«

Währenddessen denkt Tittenmaus: »Warum guckt dieser Idiot nicht? Mag der meinen Busen nicht?«

Schließlich rutscht unser Blick aus Versehen doch auf die Brüste, die Konzentration ist im Eimer und wir glotzen immer wieder hin, bis Tittenmaus irgendwann empört poltert: »Starr mir doch nicht die ganze Zeit auf den Busen. Hab ich kein Gesicht mehr, oder was?«

Wenn man nicht guckt, ist es verkehrt, wenn man guckt, auch. Und Tittenmaus würde aus ihrem Teufelskreis aus Komplexen auch nicht herauskommen, wenn sie sich Zehn-Kilo-Kissen einpflanzen ließe. Sie hat ja nie gelernt, ihren Körper so zu akzeptieren, wie er ist.

Nichtsdestotrotz werden die wenigsten Männer bestreiten, dass von den Dingern eine Faszination ausgeht.

Auch für mich war es lange eine aufregende Fantasie, einen Tittenfick mit Silikonbrüsten zu machen. Als der Moment dann aber da war, fehlte es mir eindeutig an Gelassenheit. Ich hab die ganze Zeit darauf geachtet, die Teile nicht zu sehr drücken, und war total vorsichtig. Ich konnte auch die Narbe sehen und wusste nicht recht, ob ich das jetzt eklig oder sexy finden sollte. Was das Feeling angeht – es war nicht wirklich überragend. Irgendwie ähnlich wie bei der Kundin. Die Dinger waren halt hart. Es hätte nur noch gefehlt, dass sie quietschten wie Luftballons.
Am Ende bin ich relativ schnell zur Vögelei übergegangen. Auch die war nicht frei von dem Gedanken, dass die Kissen platzen könnten. Da Miss Atomtitte irgendwann aber ziemlich abging, hab ich einen Gang hochgeschaltet. Mit dem Erfolg, dass kurz darauf kam: »Du, bitte pass ein bisschen auf, ja?«
»Hast du Schmerzen?«
»Nein, ist geil. Aber meine Titten sind noch frisch.«
»Frisch?«
»Ja, frisch gemacht, du weißt schon. Und jetzt mach weiter. Aber vorsichtig.«
Den Mann will ich sehen, der nach so einer Ansage noch entspannt weiterpoppen kann. Ich für meinen Teil war völlig raus und musste mich heftig konzentrieren, um die Nummer überhaupt zu einem guten Ende zu bringen.
Unterm Strich würde ich sagen, dass das mit den Silikonbrüsten ein großes Missverständnis ist. Es stimmt zwar, dass Männer nicht weggucken können, wenn so ein Gebirge an ihnen vorbeistolziert. Und die meisten

wollen die Dinger auch gern mal anfassen und wissen, ob sie beim Sex Spaß bereiten. In erster Linie beschränkt sich die Sensation aber auf die Optik. Das ist wie das Guinness-Buch der Rekorde oder der Zirkus. Es hat Show-Wert. Darüber hinaus garantieren Atomtitten allerdings keineswegs guten Sex. Das Klischee von der runtergehungerten Hohlkreuzgranate mit den großen Bällen und den langen blonden Haaren bis zum Arsch wird nach dem fünften Fick Gewohnheit, nach dem zehnten ist es langweilig. Zumindest, wenn die Frau beim Sex außer ihrem getunten Körper nichts anzubieten hat. Und das ist leider oft der Fall bei Silikonbräuten. Diese Frauen sind meist so mit ihrem Körper beschäftigt, dass es ihnen schwerfällt, sich so gehen zu lassen, wie es für guten Sex Voraussetzung ist.

Es ist Fakt, dass Frauen mit Silikonbrüsten sich anders bewegen als andere Frauen. Sie knien sich anders hin und sie legen sich in der Regel nicht auf den Bauch. So was setzt sich im Alltag fort. Es hat schon eine gewisse Komik, sich vorzustellen, wie sich Frau Atomtitte die Muschi rasiert. Sehen kann sie sie durch ihr Gebirge ja nicht mehr. Da muss wohl der Spiegel herhalten. Auch die Ausgaben für Cremes und Lotionen schnellen wahrscheinlich rasant in die Höhe, weil die Bälle so viel Zuwendung verlangen.

Am Ende stellt sich die Frage, wem Silikonimplantate überhaupt etwas bringen. Und ich spreche jetzt nicht von den diskreten Kissen, die manche Frauen sich verständlicherweise nach Schwangerschaften einsetzen lassen, damit ihre Brüste nicht hängen. Ich spreche von den

Megateilen, den Atomtitten halt. Man muss wohl akzeptieren, dass sie eigentlich nur zum Angucken gut sind. Und zum Drüber-Sprechen. Letzteres hätten wir hiermit getan. Und damit überlassen wir den rätselhaften Irrsinn denen, die ihn genießen können.

// Bekloppten-Weisheit Nummer 10:
Dein Busen sieht super aus! //

MODELS OHNE MASSE(N)

Jetzt werde ich mal kurz zum Prediger, denn im Dschungel der Körperbekloppten nehmen Tattoos natürlich einen hohen Stellenwert ein. Tattoos sind mein Ding, ich liebe sie, ich steche sie, ich lebe sie. Aber wisst ihr was? Sie nerven inzwischen manchmal. Und zwar immer dann, wenn gedankenlos mit ihnen umgegangen wird. Das Lustige am Tattoo-Hype ist ja, dass es erstens immer weniger Entschuldigungen für schlechte Tattoos gibt (wer sich bei der derzeitigen Verbreitungsdichte an guten Tätowierern einen Stümper raussucht, ist selber schuld), dass die Leute immer früher anfangen, sich zu lebenden Tapeten zu machen (und sich dann mit Mitte zwanzig wundern, dass sie kaum noch freie Stellen haben), und dass sich der Individualitätsanspruch, der immer noch mit Tattoos verbunden ist, durch die hohe Anzahl von tätowierten Menschen allmählich selbst auffrisst.

Alarmiert bin ich inzwischen immer wieder, wenn ich bei Langzeitkundinnen (ja, es sind leider meistens Frauen) merke, dass sich ihre Vorstellungen von Tattoos genauso sprunghaft ändern wie ihre Persönlichkeit. Da fängt eine 18-jährige Schönheit mit einem kleinen Arschgeweih und drei Blüten an und macht auf Prinzessin, dann hat sie einen Freund, der auf Comics steht, also kommen auf einmal Micky-Mäuse aufs Dekolleté. Ein Jahr später kommt sie mit einem Tuch im Haar wieder und will den ganzen Arm voll mit Rockabilly-Motiven haben, weil sie sich für Facebook eine Rockabilly-Figur namens »Crockabella Laser« überlegt hat, die sie selber spielen will. Da muss es dann besonders schnell gehen. Nicht nur, weil das Profil mit Fotos gefüttert werden muss, sondern auch, weil das Mädel unterbewusst vielleicht sogar schon befürchtet, dass sich der Trend oder die Originalität der Idee überleben könnte, bevor der Arm fertig tätowiert ist.

Ich habe sogar schon erlebt, dass Mädels an Stellen, die im Alltag nicht ständig sichtbar sind, Projekte einfach abbrechen wollten, weil sie inzwischen mehr Bock auf ein neues Motiv an einer anderen Stelle hatten. Denen habe ich dann schnell den Kopf wieder gerade gerückt, aber ich frage mich, ob die Tattoos in solchen Fällen überhaupt noch dazu dienen zu unterstreichen, wer man wirklich ist, oder ob sie es eher verstecken sollen. Sicher können Tattoos dazu beitragen, dass Menschen sich interessant fühlen. Wenn sie es in Wirklichkeit aber nicht

sind, wird auch die Rakete auf dem Unterarm nicht ewig darüber hinwegtäuschen können.
Und wo wir gerade bei Oberflächlichkeiten sind: Ein pikantes Thema sind auch »Tattoo-Models«. Klar, gibt es die Mädels mit den echten Künstler-Tattoos, die auch über die Tattoo-Szene hinaus für Shootings gebucht werden und damit richtig Kohle verdienen. Aber ich kenne inzwischen auch solche, die sich auf eigene Kosten einen Fotografen ins Haus kommen lassen, anschließend die Bilder, die er von ihnen macht, bei Facebook posten und sich dann selbst als Tattoo-Models feiern. Bei so was kann ich dann nur Realitätsverlust diagnostizieren. In der wirklichen Welt werden Models immer noch gebucht und bezahlt, und sie definieren ihren Marktwert anhand von Aufträgen und nicht aufgrund irgendwelcher Facebook-Kommentare zu ihrem »geilen Foto«. Das Berufsziel »Tattoo-Model« ist sowieso Irrsinn. Ich kann zwar irgendwo nachvollziehen, wenn die Mädels den »normalen« Heidi-Klum-Grazien mit einer persönlichen Note entgegentreten wollen, andererseits muss man aber auch sagen: Wenn sie wirklich Model werden wollen, ist es ziemlich bescheuert, sich auf einen so spezialisierten Markt wie das Tattoo-Model-Geschäft zu stürzen. Es macht maximal ein Zehntel der Gesamtbranche aus und hat dementsprechend eine viel dünnere Auftragslage und einen deutlich größeren Konkurrenzdruck. Abgesehen davon sollte man nicht vergessen, dass es auch für Tattoo-Models Kriterien gibt, die über das Tätowiert-Sein hinausgehen. So hat die 1,50 Meter große Cindy, der die Bauarbeiter immer wegen ihres properen Arsches hinter-

herpfeifen und die in ihrer Berufsschulklasse alle für ihre abgefahrenen Tattoos bewundern, aufgrund ihrer mangelnden Größe und ihrer nicht kompatiblen Figur vermutlich genauso wenig eine Chance als Tattoo-Model wie als normales Model. Lustigerweise beziehen sich solche Leute dann immer auf das einstige Assi-Klischee von Tätowierungen und erzählen, dass die Leute in der Modelbranche ihnen zu uncool und zu unentspannt sind und sie darauf sowieso keinen Bock haben. Damit treffen sie vielleicht sogar den Nagel auf den Kopf. Wenn sie sich dadurch aber nur ihr Scheitern schönreden und die anderen aus gekränktem Stolz zu Arschlöchern erklären, tun sie sich irgendwann nur noch selbst weh. Dann wehren sie sich nicht gegen Normen und Null-Checker, sondern schaden ihrem eigenen Selbstwertgefühl. Und das war noch nie Sinn und Zweck von Tattoos.

Also, Leute: Tätowiert euch von mir aus, bis ihr in allen Farben des Regenbogens leuchtet. Pinselt euch den Rücken, die Beine und von mir aus auch die Arme zu, aber fragt euch vorher, warum ihr es tut. Weil die anderen es geil finden? Dann lasst es. Weil ihr Tattoo-Model werden wollt? Dann lasst es und versucht es erst mal als normales Model. Weil ihr individuell sein wollt? Okay, nur zu, aber seid euch darüber im Klaren, dass in zehn Jahren vielleicht die komplett unbemalten Leute individueller sind als ihr, weil es dann zumindest in der jüngeren Generation kaum noch Untätowierte geben wird. Ansonsten ist jeder, der in seinem Motiv etwas verarbeiten will, sich damit beschenkt oder selbst schöner findet, bei mir willkommen. Tattoos hatten immer mit einem Bewusstsein für ihre Bewertung von außen zu tun, aber diese Bewertung war nie der alleinige Grund ihrer Entstehung. Das sollte auch so bleiben. Sonst sind sie irgendwann bekloppt, ohne geil zu sein.

// Bekloppten-Weisheit Nummer 11:
Wenn ein Trend kürzer dauert als eine Tattoo-Sitzung, lässt man ihn lieber aus. //

NAGELSTUDIO DES GRAUENS

Gepflegte Hände sind wichtig, denn Hände sagen viel über Menschen aus. Das habe ich schon bei meiner Oma gelernt. Wenn ich die vor ihrem Tod im Altersheim besucht habe, fragte sie immer: »Warum kommst du denn nicht öfter?«
»Ach, ich hab so viel Arbeit und schaff das zeitlich nicht.«
Dann nahm sie meine Hände und meinte: »Die fühlen sich aber gar nicht so zerarbeitet an.«
Ertappt! Umgekehrt funktioniert das natürlich auch. Die klassische Situation: Ein Typ sitzt beim ersten Date, erzählt dem Mädchen, dass er gerade einen Managementkurs macht und dick ins Business einsteigen will, hat dabei aber totale Klodeckelhände mit Hornhaut und

schwarzen Fingernägeln. Tja, dann kann das mit dem Management und dem Business noch nicht so weit gediehen sein, denn solche Hände holt man sich nur auf dem Bau. Haben muss sie trotzdem keiner. Pflegen kann sich jeder.

Die Frauen von heute sind in diesem Bereich natürlich besonders krass. Seit es an jeder Ecke Nagelstudios gibt, ist das Ding mit der Maniküre ja zur regelrechten Wissenschaft geworden. Von der dezenten Pflege, die ohne Ankleben und Glitzersteinchen auskommt, bis zu denen, die auf ihren Nägeln einen Karnevalsumzug von Köln bis Rio de Janeiro stattfinden lassen, ist es ja ein weiter Weg. Ich will gar nicht wissen, wie viel Zeit manche Frauen in ihre Fingernägel investieren. Es ist doch zum Brüllen, in manchen Nagelstudios durchs Schaufenster zu gucken und drinnen fünf Weiber in einer Reihe sitzen zu sehen, die sich feilen und kleben und lackieren lassen, als wollten sie damit Preise gewinnen. Wollen manche wahrscheinlich sogar. Dann hätten die Krallen wenigstens einen Sinn. Denn praktisch sind sie ab einer gewissen Länge definitiv nicht mehr. Um das zu belegen, muss ich schon wieder auf das Thema Sex kommen.

Mich hat vor ein paar Jahren in einer Bar eine krasse Tussi abgeschleppt. Sie war zwar nicht die Hellste, dafür war sie top gestylt. Sie hatte lange schwarze Haare und einen Wahnsinnshintern, der in einer hautengen Jeans steckte. Sie trug ein Top mit einem halb geöffneten Reißverschluss, in dem ein Traumdekolleté blitzte, und ihre Fingernägel mit den Mini-Edelsteinen waren mindestens halb so lang wie die Absätze ihrer High Heels hoch. Mit anderen Worten: Sie war eins dieser Mädchen, die es nötig haben. Im Gegensatz zu vielen ihrer Artgenossinnen machte sie auch keinen Hehl daraus. Nachdem ich ihr einen Drink ausgegeben hatte, fragte sie mich direkt, ob ich mit zu ihr kommen wolle, um dort »weiterzufeiern«. Wir haben unseren Drink nicht mal ausgetrunken. Ich hatte es schließlich genauso nötig wie sie. Schon im Auto kratzte sie an meiner Brust herum, knabberte mein Ohrläppchen und ging mir an die Eier. Und als wir erst ihre Wohnungstür hinter uns hatten, gab es kein Halten mehr, die Klamotten flogen in die Ecke und wir aufs Bett.

Wow, hab ich mich abgerackert an diesem Gestell. Mit jeder Pause, in der ich mir ansah, wie sie stöhnend und breitbeinig vor mir kniete, wurde ich gieriger. Das Bett quietschte, und die Latten krachten, und ich wollte gerade die Hauptrunde einläuten, da hörte das Stöhnen auf einmal auf und ein schrill gehauchter Schrei erklang: »Neeeeiiiiiiiin!«

Vollbremsung! Katastrophenalarm! Was war passiert?

»Scheiße, mir ist ein Nagel abgebrochen!«

»Wie jetzt? Was?«

»Am Bettkasten!«

Ich dachte, ich höre nicht richtig. Hätte die Frau mit dieser Info nicht noch eine Viertelstunde warten können, bis wir fertig gewesen wären? Bei der Geilheit, mit der die mich in ihre Wohnung gezerrt hatte, hätte ich zuvor auf mindestens drei abgebrochene Fingernägel getippt. Und wenn schon. Was war schon eine halbe Stunde im Nagelstudio gegen eine halbe Stunde richtig guten Sex? Offenbar eine ganze Menge. Sie verschwand im Badezimmer

und war nach zehn Minuten immer noch nicht wieder da, also habe ich meine Sachen zusammengesucht und bin abgehauen. Was für eine bekloppte Welt war das eigentlich, in der ich das Duell um die Gunst einer Frau gegen einen abgebrochenen Fingernagel verlor?
Ich mag es trotzdem noch immer, wenn Frauen gepflegte Hände haben. Und ich mag es auch, wenn sie sich im Studio lackierte Fingernägel mit einer kleinen weißen Kante aufkleben lassen. Sie sollten aber nicht zu lang sein. Und sie sollten keine Glitzersteinchen oder bunten Bemalungen haben. Zumindest nicht an den Abenden, an denen ihre Trägerinnen mich abschleppen wollen.

// Bekloppten-Weisheit Nummer 12:
Früher brachen Herzen, heute brechen Nägel. //

TUNNEL, RINGE, VORHÄNGESCHLÖSSER

An Piercings lässt sich die Größer-doller-weiter-Maxime in der Welt der Körper-Bekloppten vielleicht am besten ablesen. Mit den Dingern übersteuern einige so dermaßen, dass selbst ich nur noch kopfschüttelnd danebenstehe. Allerdings muss ich mich zurückhalten. Denn der Hauptgrund, warum ich kaum Erfahrung mit Piercings habe, ist ein ganz simpler: Ich habe wahnsinnige Angst vor Spritzen und Nadeln. Ich weiß, es klingt bescheuert, wenn ein Typ wie ich so was sagt, aber es ist so. Beim Tätowieren kann ich noch damit umgehen, wenn's aber darum geht, meinen Körper zu durchlöchern, kriege ich Panik und renne weg. Berührungspunkte mit Piercings gibt es natürlich trotzdem. Allein deswegen, weil in meinem Laden welche gestochen werden. Gehen wir das Thema also gemütlich an und nähern uns dann langsam der Schmerzgrenze.

Normale Ohrringe lässt sich heute kein Mann mehr stechen, dafür wird getunnelt, was das Zeug hält. Heißt: Wir benutzen Tunnelringe, die nicht am Ohr runterhängen, sondern im Ohrläppchen drinstecken und es aufdehnen. Ähnlich wie viele Tätowierstile geht auch dieser Schmuck auf traditionelle Stammesbräuche zurück. In Äthiopien wird er zum Beispiel von den Mursi-Frauen mit den berühmten Tellerlippen verwendet. Das ist ganz interessant, weil diese Frauen ihren Status und ihr Ansehen über die Größe ihrer Teller kommunizieren. In manchen Szenen ist das mit den Tunneln bei uns mittlerweile ähnlich. Je cooler, desto größer. Ich selbst habe auch welche. Meine sind allerdings bewusst klein. Wenn ich sie rausnehmen würde, würde das Gewebe größtenteils wieder nachwachsen und das Loch ansatzweise wieder schließen. Es gibt aber immer mehr Typen, die weit über diesen Punkt hinausgehen. Die dremmeln sich Riesenringe rein, als ginge es darum, Tiger durchspringen zu lassen. Ich hab sogar schon mal gesehen, wie sich jemand eine Coladose durchs Ohrloch gestopft hat. In solchen Fällen gibt's kein Zurück mehr. Da leiert das Läppchen einfach immer weiter aus. Ab einem gewissen Alter lässt die Gewebefestigkeit schließlich nicht nur am Hintern nach, sondern auch am Ohr. Insofern müssen sich einige der jungen Checker mit den Megatunneln wahrscheinlich Hula-Hoop-Reifen in die Ohren stecken, wenn sie sechzig sind. Oder es hängen ihnen labberige Hautschlaufen am Ohr runter. Vielleicht ist das ja irgendwann auch Trend.

Und damit zu den klassischen Piercings. Ich finde sie bei anderen Menschen oft ganz sexy, zumindest wenn sie sich nicht gleich mit Haken an ihnen aufhängen oder sich die Muschi perforieren. Weil ich beim Sex auf diesen Nippelscheiß stehe, habe ich auch eine Zeitlang drüber nachgedacht, mir ein Brustwarzen-Piercing zu verpassen, doch das war mehr eine Spinnerei, weil ich sowieso zu viel Schiss hatte. Vor zehn Jahren aber wachte ich nach einer durchzechten Nacht mit einem heftigen Brummschädel auf. Mein Kurzzeitgedächtnis musste ich mir weggesoffen haben. Ich wusste nicht, ob ich vier oder zehn Stunden geschlafen hatte, wo ich überall gewesen war, auch nicht, wie ich nach Hause gekommen war. Totaler Filmriss. Ich schwang die Beine aus dem Bett, und es drehte sich alles. Ich ging ins Bad und schaufelte mir kaltes Wasser ins Gesicht. Dann betrachtete ich mich selbst im Spiegel. Ich sah echt scheiße aus, hatte einen Kratzer am Hals und Abschürfungen an den Fingerknöcheln. Vor allem aber war meine linke Brustwarze mit zwei gekreuzten Pflastern abgeklebt. Ich ahnte Schlimmes. Und als ich die Klebestreifen abzog, bestätigte sich mein Verdacht: Ich hatte ein Brustwarzen-Piercing.

Ich rief sofort meinen Kumpel an: »Kannst du mir sagen, was gestern los war?«
Er krächzte zurück: »Du … Keine Ahnung.«
»Alter, ich hab ein Brustwarzen-Piercing!«
»Willkommen im Club. Ich auch!«
So erfüllt einem der Suff Wünsche, die einem die Nadelphobie versagt hat. Nach anfänglicher Irritation war ich ziemlich stolz auf mein Piercing. Das änderte allerdings nichts daran, dass es schweineweh tat und ewig nicht abheilte. Wer auch immer es gestochen hatte, hatte die Nadel erstens zu weit hinten angesetzt und zweitens einen zu kleinen Ring reingemacht. Doppelt verkackt. Wenn nämlich der Stichkanal zu weit hinten sitzt, ist er sehr lang, ein kleiner Ring hat aber logischerweise einen kurzen Abstand zwischen den Einstichpunkten, an denen eigentlich immer ein bisschen Luft sein sollte, damit die Kanten nicht ständig an der Haut scheuern. Bei mir taten sie es. Dadurch blutete die Wunde und entzündete sich immer wieder. Jedes Mal, wenn ich mich umzog, blieb ich mit dem T-Shirt an dem Ring hängen, bei Konzerten stolperten ständig Leute dagegen, beim Tanzen scheuerte es und beim Ficken war es eine ewige Gratwanderung. Viele Mädels gingen voll ab auf das Teil und kümmerten sich deswegen extraliebevoll drum. Da wurde mit den Fingern gespielt und mit den Zähnen gerissen, bis ich geschrien habe wie am Spieß. Eine Frau brachte sogar mal den Spruch: »Heute warst du aber besonders geil, du kleiner Schreihals.«
Ich konnte nur antworten: »Ja, weil das weh getan hat wie Sau, du Sado-Braut.«

Es war also ein Alptraum, und ich war in den ersten drei Monaten fünfzigmal kurz davor, das Ding wieder rauszunehmen. Aber dann fand ich's doch wieder cool und geil und wusste genau, dass ich im Leben nicht noch mal die Eier haben würde, mir eins stechen zu lassen. Also blieb der blutende Nippelschlauch drin, und ich würde ihn wahrscheinlich bis heute mit mir rumschleppen, wenn ich mir nicht irgendwann den Arm gebrochen hätte, woraufhin mir die Ärzte das Teil bei der Operation rausnahmen. Unter Narkose wohlgemerkt. Sonst hätte ich natürlich protestiert. Im Nachhinein bin ich ganz froh, dass das Ding weg ist. Dann spare ich mir diesen Fetisch eben. Für mich sind die meisten Piercings nämlich nichts anderes als Fetisch. Es geht in den seltensten Fällen um einen reinen Schmuckeffekt und fast immer um erotische Stimulation. Ich glaube deshalb auch, dass es gut ist, wenn man erst mit Anfang 30 mit der Piercerei anfängt. Da ist wenigstens schon ein Bewusstsein dafür da, was man sich davon verspricht.

Ich finde immer lustig, wenn die kleinen Mädchen in meinen Laden kommen und sagen: »Ich will ein Intimpiercing.« Dann frage ich die, was sie gerne hätten. Ob's zur Stimulation sein oder eher optische Akzente setzen soll? So was ist den Mädels in der Regel schon unangenehm, und es kommt ganz häufig: »Ich mach das sowieso nur für mich.«

Das ist dann weder eine Antwort auf die Frage noch ein Zeichen dafür, dass die Leute wirklich reif sind für die Dinger. Einigen Frauen können sie ja tatsächlich helfen, einen Orgasmus zu bekommen. Aber dazu müssen diese

Frauen schon wissen, wo ihre empfindlichen Punkte sitzen. Bei Männern, die einen Prinz-Albert haben, denke ich oft, dass sie nur ihre Sexpartner schocken wollen. Für alle, die nicht wissen, was ein Prinz-Albert ist: Das ist ein Schwanzring, der durch die Harnröhre geht und unten aus der Eichel wieder rauskommt. Mein Kumpel Alex hat sich dafür mal ein Piercing besorgt, das aussieht wie ein rostiger Nagel, um damit die Frauen zu ärgern. Krasse Scheiße, aber es geht noch krasser.

Auf einer Tattoo-Convention traf ich einen alten Kumpel wieder, der früher als Hooligan jedes Fußballspiel aufgemischt hat. Ich hatte eine ganze Weile nichts von ihm gehört, doch jetzt lief er mir in die Arme. Er rannte mit freiem Oberkörper und einer Tarnhose über die Convention. Angesichts der Temperaturen vor der Halle (es war Dezember) schien mir das etwas seltsam, deshalb hab ich ihn gefragt, wie er zu dem Aufzug kommt.

Die Antwort: »Das muss so sein. Ich gehe nachher noch in den Darkroom.«

»Darkroom?«, fragte ich, woraufhin er seine Tarnhose ein Stückchen runterzog und mir zeigte, dass er unter dem Ding eine hautenge Gummihose anhatte.

»Ja, ich bin voll auf Gummifetisch. Ist total geil. Ich brauch das.«

Aha. Der Typ, der früher beim Fußball alles weggedroschen hatte, was nicht bei drei auf den Bäumen war, ging nun also auf Gummi und Darkrooms ab. Ich habe ihn in diesem Moment auf den Namen »Gummi« getauft, musste dann aber weg und dachte mir nichts weiter dabei.

Zwei Wochen später stand Gummi bei mir im Laden und wollte ein Piercing haben. Beziehungsweise zwei. Beide Brustwarzen sollten durchstochen werden.
»Kein Problem«, meinte ich.
»Du, vielleicht doch«, erwiderte er und zog sein T-Shirt hoch. »Die Dinger sind vom letzten Wochenende noch verschorft, weißt du.«
»Verschorft?«
»Ja, verschorft. Ich lasse mir im Darkroom manchmal Klemmen an die Brustwarzen zwicken und Stromstöße verpassen. Ist total geil. Geh ich voll drauf ab.«
Nun gut, jedem wie er's mag, aber Piercen ging mit der frischen Wunde nicht. Gummi musste also nach drei Wochen noch mal wiederkommen. In der Zwischenzeit hatte er sich offenbar von seinen Stromstößen ferngehalten, so dass er nun nichts anderes im Sinn hatte, als nach der dicksten Nadel zu fragen, die wir zum Piercen hatten.
»Puh«, meinte ich. »Das dickste sind drei Millimeter. Damit tut das aber ganz schön weh.«
»Ja, steh ich doch drauf, Alter.«
Es war offenbar wirklich so. Mein Piercer erzählte mir zumindest hinterher, dass er nicht sicher war, ob der Kerl vor Schmerz oder vor Vergnügen gewimmert hatte. Egal, die Piercings waren drin und das Thema für mich abgehakt. Jedoch: Sechs Wochen später kam ich aus meinem Tätowierzimmer zum Empfangstresen, wo schon wieder Gummi stand und mit meinem Piercer diskutierte, wie man dieses und jenes Missgeschick denn wieder geradebiegen könnte.
»Missgeschick?«, fragte ich alarmiert.

»Mensch, Krause, ich war diesmal besonders geil und heftig unterwegs. Dabei sind mir allerdings beide Brustwarzen-Piercings rausgerissen.«
Auuuuaaaaa! Ich konnte die Schmerzen förmlich spüren, während mein Piercer vorschlug, dass er die Nippel wieder zusammentackern und später noch mal hochkant piercen könnte.
»Habt ihr den Arsch offen?«, hab ich gefragt. »Sag mal, das muss doch weh getan haben wie Sau!«
»Ja«, grinste Gummi mich an. »Und ich bin dabei gekommen.«
Der Typ war unbelehrbar. Der fand das toll, der stand auf diese Schmerzen, der war förmlich stolz auf seine Verletzungen. Ich hab ihn trotzdem zum Arzt geschickt und ihm geraten, mal ein bisschen kürzerzutreten.
Ein Vierteljahr später hat er dann ohne mein Wissen einen Termin gemacht, so dass ich nur zufällig dazustieß, als er nicht nur seine Hochkant-Piercings verpasst bekam, sondern beim gleichen Termin auch noch einen Prinz-Albert-Ring. Manche Männer kriegen schon beim Gedanken an das Ding Kastrationsängste, Gummi ließ es sich selbstverständlich mit der 3-Millimeter-Nadel stechen. Und nicht nur das. Neben ihm stand seine persönliche Domina und zog ihm nach dem Piercen ein kleines Vorhängeschloss durch den Schwanz, für das nur sie den Schlüssel hatte. Obendrein gab's ein Tattoo auf den Arsch: einen schwarzen Handschuh, eine Peitsche und den Schriftzug »Ich bin der Sklave von Lady Tara«.
Das Lustige war, dass ich Lady Tara ebenfalls von früher kannte, als sie mit einem Kumpel von mir zusammen

war, von dem sie damals immer verdroschen werden wollte. Gummis große Herrin ließ sich in seiner Abwesenheit also vermutlich selbst den Hintern versohlen. Ein Extrem kommt selten allein, sage ich nur. Ich hab die Einladung der beiden, sie mal im »KitKat-Club« zu besuchen, trotzdem angenommen. Dort sah ich diesen ehemaligen Hooligan dann auf allen vieren an einer Hundeleine und mit einer Murmel im Mund über die Tanzfläche krabbeln, während sich die Dominas beim Gassiführen abwechselten. Auch eine Form von Wochenendvergnügen. Vor allem aber ein untrüglicher Beweis dafür, was manche Bewohner dieses Planeten eigentlich für einen Sockenschuss mitbekommen haben. Obwohl … Verträglicher, als beim Fußball Leute zu verkloppen, ist das Gassigehen mit den Dominas allemal. Vielleicht sollten einige Hooligans mal darüber nachdenken.

// Beknloppten-Weisheit Nummer 13:
Schmerzen sind Geschmackssache. //

KOSMOS KOKS

Kokain! Ich weiß gar nicht, wo das Zeug herkam. Mitte der Neunziger war es auf einmal überall. Es war cool, es hat geknallt und es war immer mit diesem geilen Gemeinschaftserlebnis verbunden, dass Grüppchen aufs Klo marschierten, ihr Zeug ausstreuten und anschließend als eingeschworene Bande zurückkehrten. Das brachte den Vorteil, dass alle immer megagut gelaunt waren, aber auch den Nachteil, dass in einschlägigen Clubs permanent alle Klos besetzt waren. Ich hatte zwischenzeitlich sogar die Geschäftsidee, vor den Discos Klokabinen aufzustellen, die für Leute reserviert sind, die wirklich scheißen wollten. Aber dazu kam es nicht. Stattdessen hab ich mich selbst als Kokser probiert. Oder sagen wir es so: Ich habe mir das Zeug mit meinem Kumpel Blaschke in einer Silvesternacht so reichlich reingezogen, dass es böse endete.

Ich muss dazu sagen, dass ich die Aufs-Klo-Rennerei lange nur als Beobachter mitbekommen habe. Ich hatte ziemlichen Respekt vorm Koksen. Es galt als Einstieg in den großen Drogenkreislauf. Aber ähnlich wie mit dem Kichern der Kifferkumpels war es auch hier irgendwann nervig, halbe Abende darauf zu warten, dass die Kollegen vom Klo wiederkamen, ohne an der Verschwörung teilzuhaben. Zumal man sie dann in einem so aufgekratzten Zustand wiedertraf, als hätten sie auf dem Klo ein mehrtägiges Festival gefeiert. Mein Kumpel Blaschke, der auch nicht kokste, und ich fanden das verrückt. Diese Leute verbrachten halbe Ewigkeiten damit, zu fünft in ein mal zwei Meter großen Klokabinen herumzustehen und sich weißes Pulver in die Nase zu ziehen, doch sie wirkten so frisch und inspiriert, als hätten sie gerade Tom Sawyer neu erfunden? So was gab's doch gar nicht. Die Weiber waren doch bei uns. Und die Drinks auch.

Was zum Teufel erlebten diese Typen nur immer auf dieser Scheißtoilette? Wir wollten es beide wissen. Als wir uns das endlich eingestanden hatten, haben wir uns ein Gramm besorgt und die Silvesternacht für unser erstes Koksabenteuer auserwählt.
Während also andere das Jahr mit großen Plänen oder guten Vorsätzen begrüßten, taten wir das Gleiche mit einer Line Koks. Beziehungsweise mit einem Klumpen Koks, denn als wir endlich ein freies Klo ergattert hatten, mussten wir feststellen, dass unser Zeug so klumpig war, dass es einfach nicht funktionierte, daraus eine Line zu bauen. Beim besten Willen nicht. Wir gaben es irgendwann auf. Wahrscheinlich waren Blaschke und ich die ersten Menschen der Welt, die von einem Koksexkurs nicht mit guter, sondern mit richtiger Scheißlaune zurückkamen. Zum Glück war der Typ, der uns das Zeug verkauft hatte, auf der gleichen Party wie wir. Ich hatte ihn von Anfang an nicht leiden können und freute mich regelrecht darauf, ihn in den Boden zu stampfen.
»Was hast du uns denn da für ein Scheißzeug verkauft«, pöbelte ich ihn an. »Ist total klumpig. Wie sollen wir denn das ziehen?«
Er ließ sich überhaupt nicht aus der Ruhe bringen.
»Klumpig ist gut, Mann«, beschwichtigte er. »Ehrlich, wenn's klumpig ist, ist's super. Kommt mit, ich zeig's euch.«
Kurz darauf waren wir zurück in der Klokabine. Blaschke und ich standen betreten vor der Schüssel wie zwei Schuljungen, die über die Stränge geschlagen hatten, während der Typ uns geduldig zeigte, wie man den Stoff pulverisierte und zu Linien zusammenschob. Am Ende

hatte er drei Lines gebaut, was mich prompt zu meinem nächsten Fehltritt veranlasste.

»Was soll denn die dritte?«, meinte ich. »Wir sind doch nur zu zweit.«

Böser Verstoß gegen den Kokserkodex. Es ist ein ungeschriebenes Gesetz, dass die komplette Klokabinenbesatzung mitkoksen darf – derjenige, der die Lines baut, sowieso. Unser Dealer erklärte mir auch diese Regel geduldig, und wir überließen ihm als Wiedergutmachung die größte Line. Scheiß auf die 300 D-Mark, die wir für das Zeug bezahlt hatten. Und scheiß drauf, dass ich den Typen nicht leiden konnte. Vielleicht war es sogar ganz gut, wenn wir vorerst klein anfingen. Außerdem hatten wir immer noch genug Stoff übrig. So zogen wir uns mit Schmackes das Pulver in die Nase, schüttelten uns kurz, bedankten uns artig bei unserem Dealer und schossen zurück auf die Party. Ohne ein nennenswertes Hochgefühl. Und ohne Tom Sawyer neu erfunden zu haben. Es passierte überhaupt nichts.

Nach einer Stunde nahmen wir die zweite Line. Eine weitere Stunde später die dritte. Diesmal allerdings jeweils nur zu zweit, auch wenn man auf der Party merkte, dass manche Leute regelrecht auf der Suche waren, wo sie noch schnorren konnten. Wir waren umgeben von wandelnden Staubsaugern. Wie ein Mantra schien die Frage »Wer hat noch was?« im Raum zu schweben. Aber wir waren nicht die Caritas. Außerdem waren wir spätestens nach der fünften Line waschechte Kokser. Und Kokser teilen zwar in der Kabine, aber sonst sind sie froh, wenn sie ihr Zeug für sich haben.

Wir ignorierten also das »Wer hat noch was«-Mantra und prägten dafür unser eigenes: »Merkst du schon was?«
Natürlich merkten wir nichts, denn wir hatten einen wesentlichen Punkt nicht begriffen. Koks wirkt nicht, wie wenn man sich eine Flasche Schnaps hinter die Binde kippt, die einem nach einer halben Stunde das Gehirn durchscheppert. Koks unterstützt und verstärkt einfach nur die persönliche Stimmung. Wenn du gut drauf bist, kommst du noch besser drauf, wenn du scheiße drauf bist, dann zieht's dich runter, und wenn du respektvoll darauf wartest, dass irgendwas mit dir passiert, dann verbringst du die ersten Stunden des neuen Jahres möglicherweise in einem Warteschleifenmodus und wunderst dich am Ende, wie viel Zeit du aufs Nichtsmerken verwendet hast. Soll vorkommen. Bei uns war es so.
Ich bin an dem Morgen trotzdem noch in den Genuss eines zünftigen Koksrausches gekommen. Als ich im Morgengrauen mit dem Auto die Landstraße hinunter nach Hause fuhr, war das eine ziemlich rasante Fahrt. Ich hatte das Gefühl, ich schieße förmlich die Straße hinunter. Das Komische war: Der Tacho zeigte die ganze Zeit nur 30 km/h an. Musste kaputt sein, das Ding. Ich raste doch. Und beschleunigen ging in diesem Tempo nun wirklich nicht. Nein, nein … Das ging … nicht … nein … das ging … PENG!
Frontal auf einen Krankenwagen bin ich geknallt in meinem Dämmerzustand. Ein Rad riss ab, das Auto war Schrott, kurz darauf tasteten Silvester-Notärzte mit Cowboyhüten an mir herum und Polizisten nahmen meine

Personalien auf. Es war krass. Und es war kalt. Vor allem aber war es Koks. Mir ging es großartig. In meinem Körper knallte hochkonzentriertes Adrenalin auf fünf Portionen Kokain. Ich bekam eine Schelle gepfeffert, die es in sich hatte. Sie bewahrte mich davor, diesen Unfall überhaupt als Unfall wahrzunehmen. Komplett weggespaced stand ich zwischen all den Leuten und fühlte mich wie Superman. Und tatsächlich hatte ich bis auf ein paar Prellungen keine Verletzungen. Trotzdem hatte ich plötzlich doch noch einen guten Vorsatz fürs neue Jahr: Erst mal kein Koks mehr, bitte.

// Beknloppten-Weisheit Nummer 14:
Klos sind zum Scheißen da, und klumpig ist super. //

AB IN DEN PUFF, DIE ZWEITE

Ein paar Monate nach meinem Besuch »Bei Gabi« meinten zwei Türsteherkollegen zu mir: »Hey, wir gehen in den Puff und machen Party.«
Darauf konnte ich nur amüsiert grinsen und sagen: »Na, ihr macht mir Spaß. Meinen Erfahrungen zufolge sind Party und Puff zwei Dinge, die überhaupt nicht zusammenpassen.«

Da mir andererseits aber klar war, dass es mit meinen Erfahrungen in Wirklichkeit nicht weither war, kam ich trotzdem mit. Diesmal ging es nach Strausberg im Osten von Berlin, und die Atmosphäre war eine völlig andere. Das Ding nannte sich »Saunaclub«, und man fühlte sich eher wie auf einer Party als wie im Puff. Es waren auch nur rund zwanzig Leute dort, davon zehn Mädels, die ziemlich bald mit dem mir mittlerweile vertrauten »Was Schönes machen?« rumnervten. Da ich darauf keinen Bock hatte, hielt ich mich an eine Frau, die ich durch die Türsteherei flüchtig kannte. Während die anderen pärchenweise im Hinterzimmer verschwanden, quatschten und lachten wir an der Theke und hatten jede Menge Spaß. Als ich allerdings zu dem Mädel meinte »Mann, hier sind alle am Vögeln, lass uns auch losfeiern«, antwortete sie: »Nee, können wir nicht machen. Du kennst doch meinen Alten.«

In der Tat kannte ich ihren Zuhälter über drei Ecken. Inwiefern das ein Hinderungsgrund sein sollte, verstand ich allerdings nicht. Ich wusste noch nicht, dass eine strikte Branchenregel anordnet, dass die Mädels keine Bekannten ihres Zuhälters bedienen. Wieder was gelernt. Meine Baggerei endete also mit einem »Sei nicht sauer, geht nicht«, damit trippelte das Fräulein davon, und ich blieb alleine am Tresen sitzen. Allerdings nicht lange. Wenig später landete eine nicht mehr ganz frische Thai-Lady neben mir und quiekte: »Na, schönne Mann. Was Schönne macken?«

»Was?«

»Schönne macken?«

»Ach so, nee, lass mal. Hab keinen Bock.«
»Schönne Mann Intellesse?«
Es war ein bisschen, wie wenn man am Telefon asiatisches Essen bestellt und auf der anderen Seite einen Gesprächspartner hat, der partout nicht versteht, was man von ihm will. Wenn ich besoffen bin, entwickle ich in solchen Situationen einen etwas eigenwilligen Humor, der mich in diesem Moment zu einem Scherz veranlasste, den vielleicht einige rassistisch finden, über den ich, ehrlich gesagt, aber bis heute lachen kann. Ich zog meinen vorsorglich fürs Ficken reservierten Hunderter aus der Hosentasche und fragte das Fräulein: »Du willst dir einen Hunderter verdienen?«
»Ja, Intellesse …«, nickte sie.
Ich hielt den Schein mit zwei Fingern auf dem Tresen fest und sagte: »Okay, du kriegst das Geld. Aber erst, wenn du das Zauberwort sagst.«
Sie sah mich erwartungsvoll an: »Zaubelwott?«
»Ganz richtig, Zauberwort. Sprich mir nach: Rambazamba.«
Sie stutzte, dann meinte sie: »Eeehh … Lambisambi?«
»Nicht ganz«, gluckste ich und rollte das R diesmal zusätzlich: »RRRRambazamba.«
Daraufhin hat sich das Mädel zehn Minuten lang mit den ulkigsten »Lambas« und »Lumpis« einen abgebrochen, bis nicht nur der Barkeeper und ich, sondern auch sie selbst aus dem Lachen nicht mehr herauskam. Irgendwann hatte sie die Faxen dicke, boxte mich an die Schulter und meinte »Kwai Tok«. Das bedeutet meines Wissens so viel wie »Fick dich ins Knie, Arschloch«. Viel-

leicht heißt es auch »Rambazamba« auf Thailändisch. Auf jeden Fall war es das Wort, mit dem mein zweiter Besuch im Puff zu Ende ging. Gevögelt habe ich auch diesmal nicht. Aber aller guten Dinge sind ja bekanntlich drei.

// Beknoppten-Weisheit Nummer 15:
Kwai Tok! //

KRAUSE, DER DISCOKÖNIG

Bevor ich meine Bestimmung in der Tätowiererei gefunden habe, habe ich mich in einer Menge Tätigkeitsfelder ausprobiert. Nach einer Phase als Berufsrevoluzzer, Reisebüroleiter und als Türsteher gehört auch eine kurze Episode als Diskothekenbesitzer vor gut zehn Jahren in mein Œuvre. Der totale Irrsinn, sage ich euch. In dieser Zeit war ich entweder besoffen, weil die Geschäfte gut liefen oder – deutlich öfter – weil sie beschissen liefen. Ich hatte ja keinen blassen Schimmer von der Gastronomie. Aber ganz ehrlich: Allein die Möglichkeit, die Frage »Und was machst du so?« mit »Ich bin Clubbesitzer« beantworten zu können, ließ mich damals über mich selbst hinauswachsen. Was kümmerte es mich, dass die Veranstaltungen in meinem Laden reihenweise floppten? Ich

war der Boss, nur das zählte. Und mein Job war ein erstklassiger Posten, um in Szenen reinzuschnuppern, in denen ich sonst nicht unterwegs war. Da blieben Freakshows natürlich nicht aus.
Aber von Anfang an: Mir wurde vor gut zehn Jahren angeboten, die »Alte Seifenfabrik« zu übernehmen, einen überteuerten Kellerladen am Rosenthaler Platz in Berlin-Mitte. Ich hab sofort zugesagt, die Hütte ein bisschen ausgebaut und mich dumm und blöd geackert, um am Ende zu merken, dass keine Gäste kommen. Die Kasse wurde immer leerer, und so rückte ich irgendwann von meinem eigenen Anspruch ab, keine Fremdveranstaltungen zuzulassen. Widerwillig telefonierte ich die Leute ab, denen ich zuvor bei Anfragen die kalte Schulter gezeigt hatte. Die Ersten, die begeistert auf mein Angebot einstiegen, waren zwei Gruftis, die eine Gothic-Party machen wollten. Nennen wir sie Maik und Paul. Wir wurden uns schnell einig und verabredeten, dass ich ihnen am Veranstaltungstag um 16 Uhr den Laden aufschließen würde, damit sie bis zum Beginn der Party genug Zeit hätten, die Räume zu dekorieren. Es war August, es herrschten 31 Grad im Schatten, und Maik und Paul bogen pünktlich um 16 Uhr mit schwarzen Ledermänteln, Springerstiefeln, asymmetrischen Frisuren und einer Entourage von ähnlich gestylten kleinen Gothic-Cindys um die Ecke. Raus aus der Sonne, rein in den Keller, von dem sie gnadenlos Besitz ergriffen. Meine Herren, da krachten die Klischees. Es wurden Kreuze an die Wand und künstliche Spinnweben in die Ecken gehängt, Weihrauchkerzen entzündet und Totenschädelbilder entfaltet. Die Hingabe,

mit der die Jungs und Mädels ihre Gruft-Accessoires ausbreiteten, war mir zwar schleierhaft, aber ich erhoffte mir angesichts ihres Einsatzes wenigstens, dass die Party brummen würde. Das tat sie dann auch. Zumindest zeitweise. Die alte Fabrik füllte sich sehr schnell mit ziemlich illustren Gästen. Es kamen fette Walküren mit Reitgerten und kleinen Jungs an der Leine, weiß geschminkte Hobby-Vampire mit farbigen Kontaktlinsen und jede Menge Mädchen, die aussahen wie Pippi Langstrumpf im Beerdigungs-Outfit. Leider schienen sie alle auf einmal zu kommen, so dass es auf einen Schlag bumsvoll war, sich fortan aber nur noch leerte. Da ich selbst hinterm Tresen arbeitete, beobachtete ich das Treiben interessiert, wobei mir ein Mädchen auffiel, das in einer Ecke unter der Weihrauchbombe saß und mich die ganze Zeit penetrant anstarrte. Ich hab irgendwann zurückgestarrt und mir vorgestellt, wie es wohl wäre, dieses Mädel abzuschleppen. Ob sie zu Hause in einem Sarg schlief? Oder ging sie zum Poppen auf den Friedhof? Und warum versteckte sie ihr hübsches Gesicht und ihre gute Figur überhaupt unter so viel Stoff und Schminke? Ich bin ohne Scheiß spitz geworden auf die Frau, habe mich reingesteigert in meine Fantasie mit ihr und regelrechte Zuneigung entwickelt, so dass ich das nächste Mal, als sie bei mir einen Becher Rotwein bestellte und mich weiterhin anstarrte, sagte: »Guck doch nicht so ängstlich, ich beiße nicht.«

Darauf blinzelte sie das gefühlte erste Mal an diesem Abend, legte den Kopf schief, spitzte die Lippen und sagte ohne hörbare Emotion in ihrer tiefen Stimme: »Schade eigentlich. Beißen, steh ich drauf.«

Damit machte sie auf dem Absatz kehrt und setzte sich zurück unter die Weihrauchbombe. Ich weiß bis heute nicht, ob das ein Angebot war oder eine Abfuhr. Irgendwann verschwand sie, ohne dass ich es mitbekam. Ich habe das Rätsel, was diese Gothic-Leute antreibt, bis heute nicht für mich gelöst. Zwischendurch habe ich versucht, ihre Kleidung mit meinen Punk-Outfits aus der Jugend zu vergleichen. Aber irgendwie klappte das nicht. Ich wollte mit meinen Klamotten damals immer provozieren, dieses Ziel haben die Gruftis, glaube ich, nicht. Sie scheinen einfach unter sich bleiben zu wollen, dabei aber auch nicht wirklich Spaß zu haben. Und obwohl sie teilweise so fetischmäßig aussahen, schien es hier nicht wirklich um Sex zu gehen. Als die Party sich dem Ende zuneigte, bot sich in einer der Ecken ein lustiges Bild. Eine der Walküren war auf der Bank eingepennt und eins der Spinnennetze, die sich mittlerweile reihenweise von den Wänden lösten, war ihr in den Schoß geweht. Spinnenweben im Schritt. Kein weiterer Kommentar.
Das genaue Gegenteil war die Balkan-Party. Das war ein Wahnsinnsschaulauf der Offenes-Hemd-und-Goldkettchen-Typen mit platinblonden Sexbomben im Arm. Statt der erwarteten 400 Gästen kamen 800, es flogen pausenlos Gläser und Flaschen an die Wand, alle soffen wie die Löcher, und nachts um zwei war die Party bereits gelaufen, weil der Wodka alle war. Damit zog ich den Unwillen des Veranstalters auf mich, aber ich gelobte Besserung, also kamen sie eine Woche später wieder. Diesmal hatte ich statt 20 Kisten Smirnoff Ice dreißig Kisten am Start. Es machte aber keinen Unterschied. Auch diese

30 Kisten waren um zwei Uhr alle. Wieder motzte der Veranstalter und schmiss eine Flasche an die Wand, aber er gab mir noch eine letzte Chance. Also ging es in der folgenden Woche erneut los (diesmal mit 40 Kisten Smirnoff Ice). Die Party dauerte diesmal eine halbe Stunde länger, aber um halb drei war auch diesmal der Wodka alle. Das war das Ende des Balkan-Beats in meiner Disco. Und auch meine Tage in der »Alten Seifenfabrik« waren gezählt. Ein paar Wochen später machte ich den Laden dicht, und das Kapitel war abgeschlossen. Gastronomie – offenbar ein Bereich, für den ich nicht bekloppt genug bin. Oder nicht genug Biss habe. Sucht euch was aus.

// Bekloppten-Weisheit Nummer 16:
Gruftis sind keine Punks, Berlin ist nicht der Balkan, Krause ist kein Gastronom! //

E WIE EXZESS

Wir hatten Hasch, wir hatten Koks, fehlen also noch Ecstasy und LSD. Wobei ich gleich sagen muss, dass ich LSD nie genommen habe. Das Zeug schien mir zu heftig. Ich habe Geschichten erlebt, wo Kumpels auf LSD beim Zelten zwanzig Meter von der Feuerstelle entfernt pissen gegangen sind und den Weg zurück nicht mehr gefunden haben. Oder wir saßen am Strand, über uns flogen Flugzeuge, und Leute behaupteten im Rausch, sie könnten durch ihre LSD-Lupe die Passagiere hinter den Flugzeugfenstern Kaffee trinken sehen. Oder sie standen bei Partys in ihrer eigenen Wohnung weinend vor dem Klo und trauten sich nicht, zu pissen, weil ihnen die Schüssel nur noch so groß wie ein Fingerhut erschien. So was ist erst lustig, irgendwann aber auch beängstigend. Und wenn Leute nicht mehr richtig von ihrer Paranoia runterkommen, wird es tragisch.

Die LSD-Keule habe ich mir also gespart. Weil ich sie erst gar nicht ausprobieren wollte. Diesen Punkt der bewussten Entscheidung halte ich bei der ganzen Drogenthematik übrigens für sehr wichtig, um den Überblick zu behalten. Manche Leute finden Drogen scheiße, die nehmen gar nicht erst welche. Denen kann nichts passieren. Andere wiederum pfeifen sich, ohne nachzudenken, alles Mögliche rein, weil ihre Freunde es auch tun. Das sind meist diejenigen, die übersteuern oder in starke Abhängigkeit geraten, weil sie sich nie vor Augen geführt haben, was sie da eigentlich nehmen. Der Rest steht all den Mitteln und Substanzen meist mit wachem Interesse gegenüber und ist zwischen Faszination und Respekt hin- und hergerissen. Diese Leute müssen entscheiden, was von beidem überwiegt. Bei mir hat (abgesehen von LSD) immer die Faszination die Oberhand gewonnen. Ich wusste, Drogen verändern das Bewusstsein. Das fand ich spannend. Ich wusste aber auch, dass sie fast alle Suchtpotenzial haben, entweder psychisch oder körperlich. Davor hatte ich Schiss. Da ich aber ein Typ bin, der Erfahrungen machen muss, um sich weiterzuentwickeln, habe ich probiert. Dass ich dabei oft die Kontrolle verloren habe, habt ihr ja bereits gelesen, ich bereue es trotzdem nicht. Weil ich dadurch die Teile meines Gehirns entlastet habe, die sonst vielleicht bis heute um die Frage kreisen würden, wie Hasch wohl wirkt. Oder wie Koks reinknallt. Oder eben auch, wie gut man auf Ecstasy abgeht. Ich sage euch, ich bin mächtig abgegangen.

Berlin in den Neunzigern. Das bedeutete Party, Techno und Loveparade. Ich war mittendrin. Bei einer der frühen Loveparades hatte ich mit Kumpels einen eigenen Truck. Ein Riesenteil in Form eines Schiffs, mit einem Tanzpodest in vier Meter Höhe. Wir waren stolz wie Bolle. Mir gebührte die Ehre, das Podest zu bewachen, das wegen seiner Höhe nur für zwanzig Leute zugelassen war. Ich hing also mit Sonnenbrille am Geländer, hatte auf der einen Seite meine tanzenden Podestbienen im Auge und auf der anderen Seite eine Wahnsinnsaussicht über den Truck und die Menge, die auf der Straße abfeierte. Unter mir pumpten die Boxen, dass mein ganzer Körper vibrierte, da ich aber der coole Security-Checker war, ging bewegungstechnisch nicht viel mehr als rhythmisches Kopfnicken. Irgendwann kam ein Kumpel zu mir rauf, wir quatschten kurz, dann drückte er mir eine Pille in die Hand, auf der ein kleiner blauer Delphin eingraviert war: »Hier, damit du nicht müde wirst.«

Ich hatte bis zu diesem Zeitpunkt noch nie Ecstasy genommen, aber schon viel darüber gehört. Nur das Beste natürlich. Deshalb war es für mich ein erhabener Moment, als ich meine erste Pille schmiss. Hoch über der

Menge. Umschwirrt von Beats und Chicas, die mit den Hüften wackelten. Es war eigentlich fast egal, was jetzt passierte. Es war sowieso alles so geil, dass ich, schon während der Delphin noch meine Speiseröhre runterwanderte, wie von selbst anfing, mit den Hüften zu kreisen. Das merkte außer mir vermutlich keiner, aber in meinem Innern wartete bereits der Tanzbär darauf, von der Leine gelassen zu werden. Er ging allerdings nach zwanzig Minuten schon wieder k. o., denn da schepperte die Tablette. Boah! Von einer Sekunde auf die andere wurde mir kotzübel, ich ging in die Knie und konnte mich gerade noch am Geländer festhalten. Ich muss kreidebleich gewesen sein, alle möglichen Leute stürmten auf mich zu und fragten, ob alles okay sei. Nichts war okay. Alle Kräfte schwanden aus meinem Körper, jedes Mal, wenn ich sprechen wollte, kam mir fast das Kotzen, und das Einzige, was ich motorisch noch hinkriegte, war das Auszeitzeichen. Ich wurde am Podest abgelöst, bekam eine Flasche Wasser in die Hand gedrückt und saß erst mal eine Weile apathisch auf der Treppe. Eine Dreiviertelstunde dauerte es, bis meine Lebensgeister allmählich zurückkehrten, dann raffte ich mich auf und nahm meinen Platz am Podest wieder ein. Es wäre ja noch schöner gewesen, wenn ein Kerl wie ich sich von einer kleinen blauen Tablette hätte umhauen lassen. Krause war wieder auf Sendung. Ich war vielleicht noch ein bisschen blass um die Nase, aber mein Kopf nickte schon wieder rhythmisch im Takt. Eigentlich fühlte ich mich ziemlich gut. Vielleicht sogar sehr gut. Die Musik war ja auch so geil. Und die Weiber. Und die Leute auf der Straße schrien zu uns hoch. Konnte man ja mal zurückschreien. Und tanzen? Ja, warum eigentlich nicht? Mal übers Geländer klettern, da war mehr Platz. Und dann hoch die Arme und ab dafür. Ihr merkt schon: Der Delphin ging mit mir durch.

Zehn Minuten später hing ich ohne jegliche Sicherung am Geländer und hab gebrüllt, getanzt und gefeiert wie ein Irrer. Auf dem Podest zogen, statt der zugelassenen zwanzig Mann, inzwischen an die hundert ihre Show ab. Es war mir scheißegal, ich habe den Leuten teilweise noch hochgeholfen. Wir waren eine Familie, wir waren frei, wir waren die Größten.

Das Podest ist zum Glück nicht abgebrochen, und ich bin auch nicht runtergefallen, aber Ecstasy war fortan meine Droge. Die Trips mit dem Zeug waren immer wieder absurd schön. Bei der nächsten Loveparade habe ich Security bei einem Stand an der Siegessäule gemacht. Ich glaube, in diesem Job wäre ich wahnsinnig geworden, wenn ich nicht auf Pille gewesen wäre. Ich musste acht sexy Frauen beschützen, die Getränke ausschenkten und pausenlos von verpeilten Drogenzombies mit Schaum vorm Mund angetatscht wurden. Mit Stöcken und Schlägen habe ich die Typen weggeschubst, damit sie die Mädels in Ruhe ließen. Manchen habe ich auch abgeschmolzene Eisplatten aus dem Kühlfach über den Schädel gezogen. Das war normal. Danach habe ich ihnen vom Boden aufgeholfen, sie in den Arm genommen und gesagt: »Sorry, war ein Versehen.« Das haben die geschluckt. Wir waren ja alle auf Liebe, nur dass ich nebenbei noch meinen Job machen musste. Es war großartig.

All das blieb natürlich nicht ohne Folgen. Das Runterkommen nach einem Trip war jedes Mal aufs Neue mit heftigen Depri-Schüben verbunden, die sich sehr gut mit einem Bild von der Loveparade illustrieren lassen. Wenn die Party vorbei war, war der Bereich um die Siegessäule immer ein einziges Meer aus Müll, alten Flaschen und ein paar letzten verpeilten Gestalten, die vollgepisst und vollgesabbert durch die Gegend irrten und wie Zombies aussahen. Diese Eindrücke waren die traurigen Überbleibsel vom Fest der Liebe, und sie werden für mich immer der Inbegriff des Gefühls sein, das den Abtörner nach einem Ecstasy-Rausch ausmacht. Ich hab mir immer eingeredet, dass ich nie so viel konsumiert hätte wie andere und das Ganze einigermaßen im Griff hätte. Da ich in meiner Ecstasy-Zeit aber viel durcheinander genommen und auch wieder gekokst habe, war es ziemlich schwer, wieder von dem ganzen Zeug wegzukommen. Nach den ersten sechs Wochen Abstinenz habe ich mich schon gefühlt, als ob ich ein halbes Jahr clean wäre, und mir eingeredet, damit hätte ich schon bewiesen, dass ich nicht abhängig war. Also konnte ich ja auch mal wieder was nehmen. Solche Selbstbetrugsmechanismen kennen alle, die schon mal von irgendwas wegkommen wollten. Und wenn's nur Schokolade war. Letztendlich sind sie aber einfach nur Folgen der Sucht.
Andererseits gingen mir die immer überdrehteren Situationen zunehmend auf den Sack. Wenn ich zum Beispiel vom Koksen spitz wie Lumpi mit Weibern im Bett landete und keinen mehr gebacken kriegte. Oder unvermittelt kotzen musste von dem ganzen Zeug, das ich in mich

reingestopft hatte. Oder wenn ich im Rausch einem gestandenen, aber völlig zugedröhnten Rocker gegenübersaß, die mir aus heiterem Himmel ins Ohr raunte: »Verrat's bitte keinem, aber ich sammle Mosaiks.«
Man kann auf Drogen lustige Sachen erleben, aber man sollte irgendwann den Absprung schaffen, sonst herrscht Stillstand. Ich treffe manchmal Leute von damals wieder, die ich jahrelang nicht gesehen habe, und die kommen zu mir und erzählen mir die gleiche Exzessgeschichte, die sie mir bei unserer letzten Begegnung auch schon erzählt haben. Da frage ich mich, ob bei denen in den letzten Jahren einfach nichts Neues passiert ist oder ob sie sich überhaupt nicht weiterentwickelt haben. Beides ist nicht so geil – auch wenn Pillen und Pulver sie gewissenhaft über diese Erkenntnis hinwegtäuschen.

// Bekloppten-Weisheit Nummer 17:
Auf Dauer schwimmen Delphine im Wasser besser als im Magen. //

DAS VIAGRA-EXPERIMENT

Warum ist Viagra eigentlich überhaupt ein Thema? Ganz ehrlich: Die wenigsten Männer, die sich über das Zeug Gedanken machen, brauchen es wirklich. Und auch wenn ich mit meinen 43 Jahren kein Teenager mehr bin, bin selbst ich zu jung, als dass ich schon auf Potenzmittel zurückgreifen müsste. Probiert habe ich sie trotzdem. Weil Sex für mich ein wichtiges Thema ist und ich wissen wollte, ob der Sex mit Viagra besser ist als ohne. Ich sag es gleich: Ist er nicht. Aber das musste ich natürlich erst mal herausfinden.

In meiner späten Türsteherphase, so mit Anfang dreißig, habe ich nebenbei alle möglichen Mittel und Substanzen vertickt, zu denen irgendwann immer öfter auch Viagra gehörte. Ich hatte zu der Zeit ziemlich viel, aber auch ziemlich unsinnlichen Sex, weil ich nur auf Quantität und höher-schneller-weiter gesetzt habe, anstatt mich richtig auf die Frauen einzulassen. Daran lag es vielleicht, dass ich meinte, mal was Neues ausprobieren zu müssen, und von einer Potenzpille verspricht man sich ja, dass sie den Sex, wenn schon nicht besser, dann doch wenigstens ausdauernder oder härter oder sonst irgendwie anders macht. Außerdem saß ich an der Quelle, also hockte ich irgendwann mit einem Türsteherkumpel in einer Kneipe, und er meinte: »Los, wir probieren jetzt mal 'ne Viagra.«

Ich bin kein Spielverderber und neugierig war ich sowieso, also war diese Aufforderung für mich Grund genug, mir das Zeug endlich reinzuziehen. Zack, hatten wir die Dinger weggeschluckt. Eine halbe Stunde lang passierte gar nichts, dann bekam ich plötzlich Herzrasen und heiße Ohren. Kurz darauf spürte ich, wie das Blut in meinen Schwanz schoss, wie er größer und dicker wurde und ich mich von dem durchschnittlichen Rammler, der ich eigentlich war, in einen brunftigen Stier verwandelte. Das klingt übertrieben, aber von der Psyche her hat Viagra genau diesen Effekt. Es ist nicht nur die Durchblutung, die angeregt wird, auch das sexuelle Selbstvertrauen wird angekurbelt wie verrückt. Ist ja auch logisch: Wenn du spürst, dass du eine unbezwingbare Stange mit dir rumschleppst, fühlst du dich zwangsläufig wie der Megastecher.

Dieser Effekt hielt nach dieser ersten Pille geschlagene zwei Tage an. Ich konnte nicht mal mehr mit der Straßenbahn fahren, ohne dass ich bei der kleinsten Erschütterung eine Latte kriegte. Einmal bin ich sogar sitzen geblieben und nicht an der Station ausgestiegen, an der ich eigentlich aussteigen wollte, weil ich nicht wusste, ob ich mich mit meiner Hammerlatte überhaupt aufrichten können würde. Das war lästig, aber alles in allem konnte ich resümieren: Die Feuerprobe war erfolgreich. Es stand außer Frage, dass das Zeug wirkte. Ich hätte das Ganze an dieser Stelle natürlich als Erfahrung verbuchen und zur Tagesordnung übergehen können, aber nun wollte ich wissen, wie sich Viagra bei wirklichem Sex anfühlt.

Ich hatte also ein Rendezvous. Die Frau war schick, es lief ganz gut und irgendwie sah alles danach aus, dass das Treffen auf Sex hinauslaufen würde. Wir hatten uns in einem Restaurant getroffen, und nachdem wir die Rechnung geordert hatten, verabschiedete ich mich noch mal kurz aufs Klo. Ich hatte mir den weiteren Verlauf des Abends genau zurechtgelegt: Wenn ich jetzt meine Pille nahm, wirkte sie in einer halben Stunde. Bis wir bezahlt hätten, würde es vielleicht zehn Minuten dauern, dann eine Viertelstunde, bis wir bei ihr zu Hause wären, dann noch mal fünf Minuten Geplänkel, danach konnte es losgehen. Passte perfekt. Schluck. Fertig.

Anschließend hab ich bezahlt, wir verließen das Restaurant und haben auf dem Weg weitergeflirtet. Es lief super, doch dann folgte die Katastrophe. Die Lady kam auf die glorreiche Idee, noch in einer zweiten Bar einzukehren. Ich versuchte erst, sie davon abzubringen, aber es war nichts zu machen. In jeder anderen Situation hätte ich mich geschmeichelt gefühlt von ihrem »Ach, komm, einen Drink noch. Ist grad so nett mit dir«, aber in dieser Situation habe ich diese Worte verflucht.

Wir saßen also in der zweiten Bar, sie schlürfte ihre Piña Colada, ich meinen Mojito, als ich auf einmal merkte, wie das Herzrasen einsetzte und meine Ohren heiß wurden. Mist! Lass dir jetzt bloß nichts anmerken, dachte ich und merkte gleichzeitig, wie sogar meine Augen anfingen zu brennen und feucht wurden. Aber es war ja ein bisschen schummerig in dem Laden, also würde das sicher nicht auffallen. Dachte ich. Allerdings nur kurz. Denn eine Minute später kam der vernichtende Satz: »Warum wirst'n du auf einmal so rot?«

Scheiße! Verflucht! Verdammt!

»Rot?« Ich tat überrascht, bekam aber zusätzlich zur Viagra-Röte eine wirkliche Bombe. »Du, ich weiß gar nicht, was du meinst. Vielleicht liegt's am scharfen Essen?«

Während ich diesen Satz aussprach, fing die Pille an, ihre volle Wirkung zu entfalten. Mir wuchs die Latte, als würde jemand das Ding in meiner Hose mit einem Blasebalg aufpusten. Obendrein mutierte ich innerlich wieder zum Stier, der ich in dieser Situation aber noch gar nicht sein

durfte. Für das Mädel war ich schließlich noch immer der nette Typ, der ihr den Hof machte. Dieser innere Kampf gegen die Wirkung der Pille dauerte noch eine geschlagene Stunde. Als wir endlich ausgetrunken hatten, folgte der qualvolle Weg zu ihrer Wohnung, auf dem ich permanent damit beschäftigt war, meine Latte im Zaum zu halten, und an ihrer Haustür angekommen, gab sie mir ein Küsschen und meinte: »Danke fürs Bringen.«
Gern geschehen, aber jetzt schließ endlich die Tür auf und knöpf schon mal deine Bluse auf!
»War echt ein schöner Abend.«
Na warte, wie schön der erst wird, wenn ich endlich den Stier in mir loslasse.
»Vielleicht können wir das mal wiederholen. Ich muss ja leider morgen arbeiten.«
Wie bitte? Dieser Satz war mein Todesstoß. Diese Frau wollte an diesem Abend überhaupt nicht vögeln. Es war alles umsonst gewesen. Sobald sie im Haus verschwunden war, hab ich die Beine in die Hand genommen, bin nach Hause gelaufen wie ein Irrer und hab gewichst wie ein Weltmeister. Allerdings kam ich ums Verrecken nicht zum Orgasmus. Ich hatte ein bisschen Alkohol getrunken und war auf einer Pille, die mich gar nicht kommen lassen wollte. Ich war ja jung und brauchte das Ding eigentlich nicht, also war die Wirkung völlig unverhältnismäßig. Dumm und wund hab ich mich gescheuert. Am Ende tat mir alles weh, ich war fix und fertig, aber mein Schwanz stand immer noch wie eine Eins. An so einem Punkt kann man sich doch eigentlich nur noch fragen: Wie dämlich bist du eigentlich? Ich hab danach trotzdem

noch diverse Dates auf Viagra gemeistert. Beim nächsten klappte es dann auch mit dem Sex, bei dem ich mich natürlich gefühlt habe wie Superman und davon ausgegangen bin, dass die Frau mich mindestens genauso toll finden würde wie ich mich selbst. In Wirklichkeit sind die meisten Mädels aber gar nicht so drauf, dass sie drei-, viermal hintereinander oder eine Stunde am Stück geknallt werden wollen. Die wollen viel lieber Beachtung und Sensibilität als einen unersättlichen Stier. Insofern waren am Ende wahrscheinlich beide Seiten überfordert, auch wenn ich das auf Pille nicht wahrhaben wollte.

Inzwischen bin ich der Meinung: Wenn ein Mann wirklich Bock hat auf eine Frau, Fantasien in sie reinprojiziert, intensiv ihren Geruch, ihre Gesten und ihren Geschmack wahrnimmt und sich beim Sex Zeit nimmt, dann stellt sich sein kleiner Freund auch hin. Tut er es nicht, ist man eben an die falsche Frau geraten. Erst wenn man sicher ist, dass sie die Richtige ist, und man trotzdem keinen hochkriegt, sind wirkliche Potenzprobleme im Spiel, und man sollte das regeln.

Wenn ich heute aber mitkriege, wie junge Kerle Anfang 20 jedes Wochenende in den Puff marschieren und dort völlig selbstverständlich mit Viagra oder Kamagra oder Jelly-Tütchen rumhantieren, dann denke ich mir: Scheiße, ihr müsst einen ziemlichen Druck haben. Diese jungen, normalen Typen haben eigentlich kein Problem, eine Latte zu bekommen. Außer vielleicht, weil sie sich selbst so sehr unter Druck setzen, dass es gar nicht mehr um den Sex geht, sondern nur noch um Selbstbehauptung. Dann sollten sie sich vielleicht ein anderes Hobby suchen. Auf Dauer kann es ja keine Lösung sein, vor der Disco immer erst in den Puff rennen zu müssen, nur weil man das Gefühl braucht, auf Potenzpille eine Nutte befriedigt zu haben, um sich zu trauen, eine Frau überhaupt anzusprechen. So was wird schnell zum Zwang und rächt sich. Das hab ich am eigenen Leib zu spüren bekommen, weil ich mich irgendwann viel zu sehr an den Viagra-Effekt gewöhnt hatte. Ich bekam das Gefühl, dass ich ohne Viagra (oder was auch immer ich genommen habe) kein guter Liebhaber sein könnte, was wiederum dazu führte, dass ich gar nicht mehr ficken konnte, wenn ich keine Pille dabeihatte. Der Effekt, den ich eigentlich mit dem Experiment erreichen wollte (nämlich, besseren Sex zu haben), kehrte sich komplett um und führte dazu, dass ich eine Zeitlang überhaupt keinen Sex mehr hatte. Denn mit Viagra wollte ich nicht mehr und ohne Viagra konnte ich nicht. Rückblickend war da ganz viel Selbstbetrug im Spiel. Ich redete mir mit Hilfe eines Mittels ein, cooler und potenter zu sein. Ich habe das zum Glück irgendwann geschnallt und einen Gang runtergeschaltet. Aber ich kenne auch Leute, die sich mit Hilfe ihrer Retorten-Coolness (die sich gleichermaßen aus Anabolika, Silikon oder eben Viagra speisen kann) tolle Sexpartner oder sogar Beziehungen erschwindelt haben und sich nach sechs Monaten wunderten, dass die Beziehung nicht mehr funktionierte. Dabei war das unausweichlich, weil das Ganze auf einer Lüge basierte. Derartige Lügen können auf einem gefakten Facebook-Profil stattfinden, mit gedopten Pseudomuskeln zu tun haben oder eben mit einer Potenz, die ohne chemische Hilfe ohnehin kein Mann hat. Irgendwann kann man sie so oder so nicht mehr bedienen. Für viele Kerle geht der Selbstbetrug nach dem Scheitern einer Beziehung oder eines Dates weiter, weil sie die Schuld auf die Frau schieben. Es gibt diesen klassischen Potenzwitz: Die Frau bläst dem Mann einen wie eine Irre, aber er bekommt einfach keinen hoch. So raffiniert das Mädel auch lutscht, er kriegt es nicht hin, das Ding hinzustellen. Also fragt der Typ irgendwann: »Sag mal, Mädchen. Passiert dir so was öfter?« Wenn so ein Spruch ernst gemeint ist, zeugt er von einem enormen Ego. In der Regel täuscht er aber über dessen Fehlen hinweg, das auch Potenzmittel nur zeitweise ausgleichen können.

// Bekloppten-Weisheit Nummer 18:
Der Griff zur Potenzpille endet meist mit einem roten Kopf. //

DIE GEFÄHRLICHSTEN SCHNÄPSE 2: TEQUILA IN TIJUANA

Stell dir vor, du wirst wach, weil dir jemand ein Glas Wasser ins Gesicht kippt. Du merkst, du hast 'nen Schädel, du merkst, dass du nicht in deinem eigenen Bett liegst, du merkst, du bist halbnackt. Der Raum ist dunkel. Nur ein heller Lichtspalt gegenüber lässt erahnen, dass draußen heller Tag sein muss. Du weißt nicht, wie du hierhergekommen bist, aber du nimmst einen menschlichen Schatten wahr, der sich vor dem Lichtspalt abzeichnet und der dir vermutlich gerade das Wasser ins Gesicht geschüttet hat. Auf einmal übernimmt dein Unterbewusstsein die Kontrolle und du hörst dich auf Englisch zwei Sätze sagen: »Ich bin Amerikaner. Und ich komme gerade aus dem Knast.«

Schlagartig beginnt der Schatten durch den Raum zu schießen, als hättest du mit deinen Worten einen schlafenden Heuschreckenschwarm geweckt. Eine weibliche Stimme feuert unerbittlich Salven spanischer Sätze auf deinen hämmernden Kopf ab, und du verstehst nix. Irgendwann wirst du aus dem Bett gezerrt, eine Tür öffnet sich, du bekommst einen Tritt, stolperst hindurch und deine Klamotten fliegen dir an den Kopf. Du findest dich in einem schäbigen Hotelflur wieder. Die Tapete blättert von den Wänden, die Leuchtröhre an der Decke flackert, aus der unteren Etage dröhnt Musik. An die Tür, die gerade hinter dir zugeflogen ist, hat jemand mit Edding geschrieben »I love Tijuana«. Tijuana? Richtig, da war was.

Rückblende: Ich war auf Urlaub in Los Angeles, und ein paar Schikano-Gangster hatten mich zu einer Grillparty eingeladen. Es war die ganz große Nummer. Wir hatten ein komplettes Haus für uns, es gab bergeweise Kokain, Bikinimädchen flitzten durch die Zimmer, ein dickes Buffet war aufgebaut. Bis zum Morgengrauen wurde getanzt, gesoffen und rumgehurt, dann kam einer der Gangster auf die Idee, »rüber nach Tijuana« zu fahren und dort weiterzufeiern. Wie, was Tijuana? Der Ort war mir aus diesem Lied von Manu Chao und vage als Sodom und Gomorrha Mexikos ein Begriff, ich hätte ihn geografisch aber Welten entfernt gewähnt. Ich wurde eines Besseren belehrt. Wenig später düsten wir mit 480 PS in einem Camaro Supersport Richtung Mexiko. Nach zwei Stunden hatten wir die Grenze erreicht. Das Auto wurde auf amerikanischer Seite geparkt, ich musste meine Uhr und mein Portemonnaie im Handschuhfach verstauen und mein Geld abgezählt in Schuhen und Hosentaschen verstecken, dann taumelte ich im Vollsuff durch die Grenzkontrolle. Auf der mexikanischen Seite war auf einmal alles dreckig und stinkig. »So müssen sich früher die Westler gefühlt haben, wenn sie in den Osten rübergekommen sind«, dachte ich bei mir, dann wurde ich von einem meiner Begleiter schon in ein Taxi geschubst und fuhr durch einen Bezirk, in dem sich Striptease-Schuppen an Striptease-Schuppen und Bordell an Bordell reihte. Die Fahrt endete mittags um zwölf vor einer Tabledance-Bar in Tijuana. Bevor wir reingingen, bleute mir einer der Schikanos ein, dass ich nie erzählen dürfe, dass ich aus Deutschland komme und schon mal im Fernsehen gewesen sei. Meine neue Kurzbiografie war folgende: Ich war Amerikaner und letzte Woche aus dem Knast gekommen. Mit dieser Vita war ich unattraktiver für etwaige Raubmörder und Entführer, die sich hier zuhauf rumtrieben. Da ich immer noch ordentlich einen im Tee hatte, machte ich mir über Glaubwürdigkeitsdefizite aufgrund meines Akzents keine großen Gedanken. Der Rest waren laute Schreie, lange Beine, rote Lichter

und … eine Flasche Mezcal mit einem kleinen Wurm drin, die ich gemeinsam mit meinem Kumpel Alex (ebenfalls ein Amerikaner, der gerade aus dem Knast gekommen war, ihr versteht) killte. Zwischendurch gab's Tequila. Und Anweisungen, nicht ohne unsere Begleiter vor die Tür zu gehen. Und Typen, die am Tresen mit ihren Knarren spielten. Und Ladys, die fragten, wo wir beiden Süßen denn herkämen, woraufhin wir artig lallten: »Aus den USA. Und wir kommen gerade aus dem Knast …«
Ja, und dann gab's halt irgendwann ein Glas Wasser ins Gesicht. Eine besonders ambitionierte Stripteasetänzerin musste sich meiner angenommen haben. Ihr Vorhaben, mich in meinem Sausuff auf Touren zu bringen, war wahrscheinlich kläglich gescheitert. So stieg ich in diesem Flur mit den abgeblätterten Tapeten und der flackernden Neonröhre in meine Hose und folgte dem Dröhnen der Musik. Zum Glück führte es mich zurück in die Bar, in der Alex und die anderen immer noch am Saufen und Feiern waren, sonst wäre ich vermutlich aufgeschmissen gewesen. Trotzdem: In meinem angenüchterten Zustand sah ich auf einmal nur noch geballte Fäuste, misstrauische Blicke und blitzende Knarren. Ich war einigermaßen froh, als wir ein paar Stunden später erneut die Grenze überquerten und zurück nach Los Angeles fuhren. Rückblickend ist der Tequila in Tijuana für mich eine Trophäe. Und ein schöner Beweis dafür, dass Besoffene immer einen Schutzengel im Gepäck haben. Ihn herauszufordern ist vermutlich eine jener gefährlichen Beklopptheiten, die man sich (zumindest im Alleingang)

lieber spart. Aber falls du doch mal in die Verlegenheit kommst, weißt du ja, welche zwei Sätze du dir vorher einprägen musst.

// Beklopptén-Weisheit Nummer 19:
Du bist Amerikaner. Und du kommst gerade aus dem Knast. //

PHASE III: BEKLOPPT, ABER GEIL

Alle noch an Bord? Bestens. Denn wir erreichen jetzt das Wohlfühlstadium der Beklopptheitsstufen. Zusammenfassend kann man sagen, dass die meisten bisherigen Aktionen der Suche nach Identität dienten. Egal, ob Frau Atomtitte sich Silikonkissen einsetzt, die Spinnennetz-Walküre in der Grufti-Szene untertaucht oder ich Anabolika schlucke: All das sind Maßnahmen, die die Zugehörigkeit zu einer Gruppe zum Ziel haben. Wenn die Einordnung klappt, resultiert daraus Zufriedenheit, und die Beklopptheit kann fortan in vollen Zügen ausgelebt werden. Das ist der Idealfall, den ich jedem wünsche. Wenn sie aber nicht klappt, fühlt sich der Betroffene hoffentlich unwohl genug in seiner Situation, um nicht auf einem Trip kleben zu bleiben, den er gar nicht wirklich will. Ein Beispiel: Dass ich meine Anabolikakur nicht durchgezogen habe, passt rückblickend gut mit der Tatsache zusammen, dass ich mich in der Türsteherszene, der ich mich mit der Pumper-Optik andienen wollte, sowieso nie wirklich wohl gefühlt habe. Ähnlich

kann es der Walküre gegangen sein, als sie nach der Party in der Seifenfabrik mit ihrer Reitgerte ins Morgenrot stapfte und vielleicht dachte: »Scheiße, war das wieder langweilig. Ich will kein Kellerkind mehr sein.« Oder Frau Atomtitte hat möglicherweise irgendwann mit ihren durchschnittsbrüstigen Freundinnen beim Brunch gesessen und gedacht: »Ist mir zu anstrengend, immer die Sexbombe in der Runde zu spielen. Ich lass mir die Kissen wieder rausnehmen.« In diesen Fällen kann ich nur sagen: Einen Versuch war's wert. Aber man sollte sich nicht für den Rest seines Lebens dazu verdammen, in einer misslungen Testsituation zu leben. Das ist dann wie eine Ehe, in der sich die Partner eigentlich hassen, aber aus Trägheit trotzdem zusammenbleiben.
Ich hatte nach meinen Versuchen mit Reisebüros, Clubs und Türsteherei das Glück, in meinem Tattoo-Laden eine wirkliche Heimat und Aufgabe zu finden. Anfangs war die Eröffnung des Ladens nur ein Versuch wie jeder andere, aber es wurde schnell klar, dass das das Richtige für mich ist. An einem solchen Punkt kann man sich zurücklehnen und zur Routine übergehen. Mir bot er eher die Möglichkeit, den Zirkus in mir drin und um mich herum endlich zu genießen. Wenn man eine Spezialität hat, die man beherrscht, tut es viel weniger weh, in den Dingen, die man nicht beherrscht, auf die Nase zu fallen. Komischerweise fällt man aber auch viel seltener. Der Schlüssel zur geilen Beklopptheit liegt nämlich in dem simplen Wort »Selbstvertrauen«. Es verschafft einem nicht nur mehr Spaß an den eigenen Dummheiten, es sorgt auch dafür, dass man sich ausgelassener über die der anderen

amüsieren kann. Außerdem: Wer nicht immer damit beschäftigt ist, sich selbst auf den Prüfstand zu stellen, kann baggern ohne Scham, er kann Sinnlosigkeiten wie Facebook mit Sinn erfüllen, er kann sogar heiraten, ohne sich damit das Leben zu zerstören. Er könnte natürlich auch zur Ruhe kommen – womit ich zugegebenermaßen meine Probleme habe. Aber ich hab's versucht. Mit Yoga. Und damit viel Vergnügen im Wohlfühlstadium.

OMMM!

Die Vergangenheit schläft nicht. Und sie läuft einem immer mal wieder in Form von alten Bekanntschaften über den Weg. Bei manchen hat man das Gefühl, dass sie sich überhaupt nicht weiterentwickelt haben, an anderen wiederum merkt man, wie sich die Zeiten geändert haben. Ein Beispiel für Letzteres war eine Begegnung mit einem alten Türsteherkumpel, den ich nach zehn Jahren wiedertraf und als ganz neuen Menschen erlebte. Ich hatte ihn als harten Burschen in Erinnerung, als Getriebenen, der keine Party und keine Schlägerei ausließ. Doch jetzt, wir waren inzwischen beide Mitte 30, strahlte er auf einmal eine Ruhe und Gelassenheit aus, um die ich ihn nur beneiden konnte. Ich ging mir mit meinen Feier-, Drogen- und Fickerei-Exzessen gerade selbst tierisch auf den Sack und hatte in den Wochen zuvor sogar versucht, mir die ein oder andere Party zu verkneifen, mal nicht zu saufen und keine Frau anzubaggern. Wirklich ruhiger wurde ich dadurch aber nicht. Im Gegenteil. Und jetzt stand mir dieser Typ mit seiner friedlichen Aura gegenüber und beantwortete die Frage, was er denn jetzt so treibe, mit: »Du, ich geh zum Yoga.«

Für mich war Yoga bis dahin nicht viel mehr als ein Wort. Ein Wort, das in einer Reihe mit Yogi-Tee, Ökowahn und unrasierten Achseln stand und in meinem Kopf Bilder von mittelalten Müttern auf dem Selbstfindungstrip heraufbeschwor. Yoga machten andere, ich selbst wäre um nichts in der Welt auf die Idee gekommen, damit anzufangen, weil es mit meinem Leben nichts, aber auch wirklich gar nichts zu tun hatte. Das hätte ich zuvor aber auch von jenem Türsteherkumpel gedacht, und der schien mit der Geschichte ja ganz gut zu fahren. Ich nahm das zur Kenntnis und ging meiner Wege. Als ich aber am nächsten Sonntagmorgen mal wieder verkatert und völlig neben der Spur vor dem Spiegel stand und mich selbst nicht leiden konnte, dachte ich: Junge, du bist fällig. Deine nächste Party heißt Yoga.

Ich hab mich dann ein bisschen drüber informiert und bekam überall nur zu hören, dass Yoga eine tolle Sache sei. Bewegung, Dehnung, Entspannung und Ausgleich für harte Arbeit versprach dieser Sport – alles Dinge, die in meinem Leben gerade zu kurz kamen. Damit wurde das Abenteuer konkret. Anfangs hatte ich noch den Anspruch, einen coolen Yoga-Kurs zu finden, habe aber schnell begriffen, dass es so was nicht gibt – zumindest nicht im Sinne des Wortes, wie ich es verstehe. Yoga-

Zentren und sexy Checker-Bräute scheinen nicht kompatibel zu sein. Aber es ging ja in diesem Fall auch nicht ums Abschleppen, sondern um mein Seelenheil. Also fand ich mich zwei Wochen später im Café eines kleinen Yoga-Zentrums wieder, wo ich erst mal den Fehler machte, einen Kaffee zu bestellen.
»Haben wir nicht«, flötete die Frau mit dem Strickpulli hinterm Tresen und begann stattdessen eine endlos lange Liste von Teesorten runterzubeten.
»Okay, ich nehm ein Wasser«, unterbrach ich sie irgendwann und bereitete mich schon auf die Frage vor, ob es nun linksdrehendes, rechtsdrehendes oder durchdrehendes Wasser sein sollte. Doch sie schob mir einfach ein Glas und eine Flasche über den Tresen, und die Sache war gut. Inzwischen hatten sich etwa zwanzig Leute in dem Café versammelt. Hauptsächlich Frauen, aber auch ein paar tiefenentspannte Kerle mit dicken Bäuchen. Vor dem Schaufenster parkte eine Armada von Baby-Buggys, deren »Insassen« im Zimmer nebenan zur Kinderbetreuung abgegeben wurden. Auf einmal sah ich nur noch Korkschuhe, Streifenschals und Topfhaarschnitte, hörte Kindergeschrei und »Grüß dich«-Formeln und wurde zwischendurch auch noch befremdet von der Seite angeguckt. Ich hatte mich lange nicht mehr so fehl am Platze gefühlt wie in diesem Moment, auch wenn man den Leuten lassen muss, dass sie sich größte Mühe gaben, mich als einen der Ihren zu behandeln.
Und dann ging's los: Jeder schnappte sich eine Matte aus der Ecke, alle strömten in den Yoga-Raum und zogen ihre Schuhe aus. Das hat dann schon gemüffelt von den

ganzen Korksandalen, aber da das außer mir niemanden zu stören schien, sank ich mit allen anderen auf die Knie und schloss die Augen. Und dann (es lebe das Klischee) erfüllte auch schon das erste »Ommmm« den Raum, um sich in Windeseile zu einem vielstimmigen Summen zu steigern. Ich kann kaum beschreiben, wie bekloppt ich mir vorkam, als ich selbst auch ein bisschen mitsummte, aber ich wollte ja schließlich auch rein in dieses Nirwana, in das sich meine Kurskollegen gerade hochwackelten. Bevor ich allerdings dort ankommen konnte, war Positionswechsel angesagt. Diesmal hieß es, flach auf den Rücken legen, und statt des Summens erzählte die Frau mit dem Strickpulli nun etwas von »Tief atmen. Spürt den Atem. Ein und aus und aus und ein!«. Irgendwie ging es mir dabei wie bei meiner ersten Line Koks. Ich lag wie ein Käfer auf dem Rücken und versuchte, irgendwas zu spüren. Aber es passierte nichts. Ich nahm nur den penetranten Geruch der Schuhe wahr, das monotone Gequatsche des Strickpullis und hatte obendrein Bedenken, dass mir mein Hintermann mit seinen Schweißfüßen gegen den Kopf treten könnte. Zehn Minuten ging das so, dann kamen wir zu den Verrenkungen – und damit zu dem Punkt, der Yoga-Experten meinen ewigen Respekt sichert. Während ich nur noch meinen eigenen Bauch spürte und mir gleichermaßen unförmig wie unfähig vorkam, mutierten die Hausmuttis um mich herum zu regelrechten Akrobatinnen. Die bogen sich in so abgefahrene Positionen rein, dass ich fast schon geil wurde, mir aber auch schnell klar war, dass ich nicht mit ihnen mithalten konnte. Nach dem nächsten Positionswechsel auf den Bauch hab ich aufgegeben und nur noch das Treiben beobachtet. Ich lauschte dem Keuchen und Schnaufen, das den ganzen Raum erfüllte. Ich sah die unbeholfenen Bemühungen der übrigen Kerle, die mit ihren löcherigen Socken versuchten, die Gelenkigkeit der Frauen zu imitieren. Irgendwann fingen sie auch noch an, sich gegenseitig zu stützen, um nicht auf ihre dicken Hintern zu fallen. Alle schwitzten, alle ackerten, alle turnten wie die Verrückten, vor allem aber taten sie eins: Sie machten so komische verbissene Gesichter, dass ich unweigerlich merkte, wie Gelächter in mir hochstieg. Ich versuchte, an etwas anderes zu denken und die Luft anzuhalten, um es zu unterdrücken. Auch die Augen hab ich geschlossen, was aber nur dazu führte, dass ich mich selbst vor mir sah: ein gestrandeter Wal, inmitten einer wild gewordenen Gymnastiktruppe, der sich das Lachen verkneift. Das war zu viel. Ich prustete laut los. Die Verbiegungskünstler erstarrten in ihrer Bewegung, und die Vorturnerin mit dem Strickpulli glotzte mich entgeistert an, doch bevor sie mich rausschmeißen konnte, ergriff ich die Flucht. Ich stürzte lachend aus diesem stinkenden Yoga-Raum und knallte die Tür hinter mir zu. Danach stand ich für einen Augenblick von meinem eigenen Lachanfall überwältigt in dem Café, um mich zu beruhigen. Erst da wurde mir bewusst, dass ich meine Schuhe drinnen vergessen hatte. Sollte ich sie holen? Nein, es gab kein Zurück. So endete mein Ausflug zum ultimativen Yoga-Frieden, indem ich auf Socken zu meinem Auto stolperte und anschließend neue Schuhe kaufen ging. Danach fühlte ich mich irgendwie ruhiger. Vielleicht hatte das Yoga also sogar gewirkt. Mein Weg zum inneren Frieden war es trotzdem nicht. Den suche ich seitdem mit meinen neuen Schuhen.

// Bekloppten-Weisheit Nummer 20:
Entspannung geht nicht, ohne sich zu verbiegen. //

MIDLIFE-CLUBBING

»Midlife-Crisis haben andere. Mir passiert so was nicht.« Ich schwöre dir: In dem Moment, in dem du diesen Satz das erste Mal denkst oder aussprichst, steckst du mittendrin in der Midlife-Crisis. Bei mir war das zumindest so. Ich fühlte mich lange wie der älteste Teenager Berlins. Ich hatte die jungen Hühner, die täglich bei mir durch den Laden scharwenzelten, und ich hatte meine Kollegen, die alle zwischen 23 und 31 und damit jünger als ich waren. All das würde mich schon vor der Alterskrise bewahren, dachte ich. In Wirklichkeit waren genau diese Faktoren ihre Triebfeder. Und sie sind es bis heute.
Das wurde mir klar, als ich im April vor fünf Jahren auf einmal einen auf ruhig machen wollte und anfing, meinen Balkon zu bepflanzen. Blumen, Setzlinge, Kakteen – ich

hab das volle Begrünungsprogramm durchgezogen und mich jeden Tag darüber gefreut, wie das Zeug wuchs und gedieh. Ich und mein Balkon, wir waren zwei ineinander ruhende Pole. Und wir wären es vermutlich noch immer, wäre ich nicht zwischendurch gezwungen gewesen, die Blumen und Kakteen sich selbst zu überlassen und aus dem Haus zu gehen. Dort schien der tägliche Irrsinn nun unerbittlicher denn je zu toben. Mein neues Gärtner-Alter-Ego war regelrecht überfordert von den Reizen, die da auf mich einprasselten, doch spätestens als mir im Mai der erste kurze Rock über den Weg lief, machte der Ältester-Teenager-Schalter in meinem Kopf »Klick«, und ich war wieder ganz der Alte. Der kurze Rock wurde abgecheckt wie immer, und sobald die Kollegen im Laden versuchten, mir die Butter vom Brot zu nehmen, war ich am Start und biss alle um mich herum weg wie ein Terrier, dem man Aufputschmittel ins Futter gemischt hat. Jeden Tag aufs Neue war es mein Ansporn, dieser Mannschaft aus coolen Jungs mit ihren geilen Ärschen, ihren guten Muskeln und ihren tollen Sprüchen Paroli zu bieten. Egal, ob es den Sport, das Flirten, das Ficken oder die Arbeit betraf, ich stand in der ersten Reihe, und wenn nicht, drängelte ich so lange, bis ich doch vorne war. Mein Alltag war wie ein Feld, das jeden Tag niedergemäht und wieder aufgebaut werden musste. Ein kräftezehrendes Unterfangen, das mich jeden Abend ins Bett fallen ließ, als hätte mir jemand den Stecker rausgezogen, während vor der Balkontür meine Pflanzen blühten und pausenlos vor sich hin zu flüstern schienen: »Du brauchst Ruhe, du brauchst Frieden, du bist des Kampfes müde.«

Das ist natürlich nur eine von vielen möglichen Ausprägungen der Midlife-Crisis. Bei anderen läuft es genau umgekehrt. Die wollen Action, werden aber von ihrem ruhigen Familienleben zurückgehalten. Oder der Karrieretyp merkt, dass er gerne mehr Privatleben hätte, in diesem Bereich aber nach Jahren der Vernachlässigung keine Infrastruktur mehr hat. Oder der Schlendrian fragt sich, ob er die wichtigsten Jahre seines Lebens mit Herumgammeln vergeudet hat. In jedem Fall wird der Selbstwert auf den Prüfstand gestellt und die Sinnfrage thematisiert. Ich bin übrigens gar nicht der Meinung, dass Midlife-Crisis nur Männer um die 40 betrifft. Gerade in der Schnelllebigkeit von heute gibt es immer mehr Typen, die schon mit Mitte 20 alle Symptome einer Midlife-Crisis aufweisen. Oft sind es die Spätzünder, die mit 19 ihren ersten Sex hatten und dann ein Jahr lang alles gevögelt und weggefeiert haben, was nicht bei drei auf dem Baum war. Dann haben sie aus Versehen ein Mädel geschwängert, gezwungenermaßen geheiratet und sich anschließend aus Frust so gehen lassen, dass sie mit Mitte 20 dick und rund, aber auch schon wieder Single sind, weil sie sich als Mann und Vater so dumm angestellt haben, dass ihre Frau nach ein paar Monaten abgehauen ist. Auch so was kann zu Sinnfragen führen. Ich selber finde auch die Frage ganz spannend, ob nicht eigentlich mein ganzes Leben eine einzige lange Midlife-Crisis ist, aber das führt jetzt zu weit.

Ein paar Monate nach der Gärtnerepisode jedenfalls unterhielten sich drei Jungs in meinem Laden über ihr letztes Wochenende, und es ging um den »Soda-Club«. Da ich den Laden von früher kannte, machte ich irgendwelche Bemerkungen über das Publikum und das Personal dort, aber die Typen schienen gar nicht zu verstehen, wovon ich redete. Man hatte das Gefühl, dass wir von zwei verschiedenen Läden sprachen. Im Prinzip taten wir das wahrscheinlich auch. Mir wurde schlagartig bewusst: Mein letztes Mal im »Soda« war bestimmt zehn Jahre her, und überhaupt ging ich seit Jahren eigentlich nur noch in Bars oder auf Konzerte. Ich konnte gar nicht mehr mitreden. So eine Erkenntnis macht dem ältesten Teenager der Stadt natürlich zu schaffen, also plante ich mein nächstes Projekt: die Rückkehr in den Club. Und damit Vorhang auf für ein Drama in drei Akten.

DAS SAURE SODA

Ein Menschenjahr sind sieben Hundejahre? Ähnlich verhält es sich offenbar mit Clubs. Als ich am folgenden Wochenende im »Soda-Club« über die Tanzfläche blickte, hatte das mit dem Laden, den ich mal gekannt hatte, ungefähr so viel zu tun wie meine Balkonpflanzen mit Rock-'n'-Roll. Zwei Drittel der Gäste waren Typen Anfang 20. Alle trugen die gleichen Frisuren, die gleichen Turnschuhe und die gleichen Skinny Jeans und alle machten entweder auf Bushido oder auf Justin Timberlake. Es sah ein bisschen aus wie bei der Armee, nur bunter. Das restliche Drittel wurde von Mädchen bestritten, die mit ihren Hair-Extensions, Fingernägeln und Porno-Outfits wie Mischformen aus Beyoncé und Paris Hilton aussahen. In ihrer Aufmachung wirkten alle ziemlich erwachsen, doch bei genauerem Hinsehen konnte weder Killerblick noch Schminke die Jugend kaschieren. Das Lustigste aber war: Obwohl man den einen nicht vom anderen unterscheiden konnte und es unheimlich offensichtlich war, dass alle ihren Style wie die Verrückten aus dem Fernsehen und aus Zeitschriften kopiert hatten, schienen sich diese Kids so einzigartig und individuell zu fühlen, dass es mir regelrecht imponierte. Die liefen mit so hocherhobener Nase durch den Laden, dass mich wunderte, dass sich nicht alle paar Meter jemand aufs Maul packte. Auf der Tanzfläche wurden mit großer Ernsthaftigkeit Musikvideos nachgehampelt, an der Bar mit eisernem Pflichtbewusstsein Billigschnäpse gekippt, und ich alter Sack wurde permanent angerempelt. Es hatte sich gleichzeitig alles und nichts verändert. Denn natürlich machten diese Leute das Gleiche, was wir früher im »Lunic« oder im »Café Nord« getan hatten, sie sahen nur anders und obendrein noch alle gleich aus. Ich musste unweigerlich schmunzeln. Keine gute Idee. Sofort pflaumte mich ein Mini-Bushido an: »Alter, was grinst du so blöd?«

Ich wollte mich nicht mit ihm anlegen und meinte nur: »Schon okay, geh mal tanzen.«

»Wann ich tanzen gehe, entscheide immer noch ich.«

»Komm, verpiss dich.«

»Verpiss dich lieber selbst.«

So uncharmant und unnötig diese Aufforderung war, irgendwie hatte sie ihre Berechtigung. Ich hatte bei diesem Schaulauf von Typen, die gerade ihre Milchzähne verloren hatten, wirklich nichts verloren. Ich musste mir und all den Bushidos um mich herum eingestehen: Ich war zu alt für diesen Laden. Als ob diese Erkenntnis nicht bitter genug gewesen wäre, sprang nun auch noch eine Beyoncé-Chica um die Ecke, die einen halben Kopf größer war als ich, und rief: »Mensch, Krause, was machst du denn hier?«

»Ich versuche zu vermeiden, mich mit deinen Kumpels anzulegen«, meinte ich diplomatisch und überlegte gleichzeitig, woher ich das Mädel kannte. Abgesehen von ihrer für meinen Geschmack etwas übertriebenen Größe und ihrer nicht minder übertriebenen Jugend war sie durchaus niedlich.

»Find ich ja witzig, dass du hier bist!«

Ich lachte und nickte.

»Ist ganz schön lange her, dass wir uns das letzte Mal gesehen haben, oder?«

»Na, so lange kann's nicht her sein«, grinste ich. »Sonst hat unser letztes Treffen wahrscheinlich im Kindergarten stattgefunden.« Ich hatte die Bemerkung witzig gemeint, aber peinlicherweise passte sie ziemlich gut. Es stellte sich heraus, dass das Mädel die Tochter eines ehemaligen Türsteherkollegen war und tatsächlich vor zehn Jahren bei mir auf dem Schoß gesessen hatte. Deutlicher hätte man mir nicht vermitteln können, dass ich in meiner derzeitigen Lage bestenfalls eine väterliche Rolle einnahm. Da Clubs aber keine Mehrgenerationenhäuser sind, trank ich noch einen Schnaps mit meiner jungen

Bekannten (durfte die überhaupt schon Alkohol trinken?), dann machte ich mich dünne.
Lektion Nummer eins: Wenn du in einem Club landest, in dem du über die Ernsthaftigkeit der anderen Gäste nur lachen kannst, hast du dich verlaufen. Wenn du obendrein doppelt so alt bist wie die anderen, steckst du wahrscheinlich in der Midlife-Crisis.

DIE URALTE KANTINE

Ich hatte meine Lektion gelernt, aber das musste ja nicht heißen, dass meine Rückkehr in die Clubszene schon wieder zu Ende war. Irgendwo musste es einen Platz geben, wo auch ich noch Clubkönig sein konnte. Also schnappte ich mir am nächsten Wochenende einen Kumpel, und wir fuhren zu einem Eighties-Laden, der dafür bekannt war, dass er Leute jenseits der 30 beherbergte, die zu den Hits abhotteten, die schon ihre Mutter beim Saubermachen gehört hatte: die »Alte Kantine«.
Hier war es das genaue Gegenteil: Die Karohemden, Baseball-Käppis und leichten Kleidchen der Leute suggerierten Hipstertum und Jugendlichkeit, aber sobald man in ihre Gesichter blickte, war klar, dass sie ihre frischesten Jahre hinter sich hatten. Man könnte nun meinen, dass ich gut ins Bild hätte passen müssen, aber das war nicht der Fall. Das wurde mir spätestens klar, als mein

Kumpel und ich mit zwei Frauen ins Gespräch kamen – einem Freundinnen-Pärchen nach dem bekannten Muster »Eine Schicke, eine Dicke«.
Frauen, die im Zweierpack auf die Piste gehen, bestehen immer aus einer Granate und ihrer Freundin, die eher etwas rundlich ist. Aber man muss immer das komplette Paket kaufen, sonst kommt man nicht ans Ziel. Man ist in solchen Fällen übrigens nicht schlecht beraten, sich erst mal an die Dicke zu halten. Zum einen, weil sie sich meist schneller öffnet und im Zweifelsfall schneller rumzukriegen ist als die Granate, zum anderen, weil man über eine gute Flirtbasis mit ihr zwangsläufig auch die Aufmerksamkeit der Schicken auf sich zieht. Frauen sind in ihrem Konkurrenzverhalten viel brutaler als Männer. Sobald so eine Granate merkt, dass du nur ihre Freundin beachtest, wird sie um jeden Preis versuchen, ebenfalls deine Aufmerksamkeit zu erregen. Bist du an diesem Punkt angelangt, kannst du wählen. Und du solltest klug wählen. Nicht immer bedeutet eine Hammeroptik, dass auch der Sex großartig ist.
Doch diese Frage stellte sich bei dieser Bekanntschaft nicht. Zumal ich die Schicke abbekam, die mich erst mal mit all meinen spaßigen Komplimenten ins Leere laufen ließ. Ich musste also das Niveau anziehen und hab ein bisschen meine Kenntnis der weiblichen Seele raushängen lassen, die ich mir aus Gesprächen mit meinen Kundinnen zusammengebaut hatte. Das führte aber nur dazu, dass sehr bald nicht mehr ich das Fräulein, sondern das Fräulein mich analysierte.
»Du musst mir gar nicht einen auf Softie machen«, raunzte sie plötzlich.

»Softie?«
»So, wie du über Frauen redest, könnte man ja meinen, du wärst selbst mal eine gewesen.«
»Äh … nein.«
»Ja, mit so was kriegt man dich.« Dabei lachte sie laut auf. »Für dich wäre es nämlich das Schlimmste, wenn man dich für feminin halten würde.«
»Du findest mich feminin?«
»Nein, deine femininen Seiten sind ja vollkommen wegkonditioniert.«
»Wie bitte?«
»Hast du studiert?«
»Du vermutlich schon.«
»Ist das der Vermeidungsversuch einer Antwort?«
»Zweimal nein.«
»Ich würde sagen, wir müssen ein bisschen am Feintuning unserer Kommunikation arbeiten.«
»Du, ich weiß gar nicht, ob wir das müssen.«
»Das war ja klar!«
»Was?«
»Bei dem Wort ›Kommunikation‹ kriegst du Panik. Wenn du schon an diesem Punkt einknickst, sind der Beziehung doch von vornherein Grenzen gesetzt?«
Zehn Minuten nachdem wir uns kennengelernt hatten, sprach das Weib von »Beziehung« und machte auf der anderen Seite überdeutlich, dass sie eigentlich nichts mit mir zu tun haben wollte. Das war mir tatsächlich zu hoch. Um die Situation etwas zu entschärfen, fragte ich: »Willst du noch einen Drink?«
»Ich trinke keinen Alkohol.«

»Macht ja nichts.«
»Ich finde dieses sinnentleerte Saufen und Anbaggern ermüdend. Warum können die Leute sich eigentlich nie selbst genügen. Schaff ich doch auch.«
Okay, sie hatte genug an sich selbst, und ich hatte genug von ihr. Dann waren wir uns ja beinahe einig. Ich verabschiedete mich also mit einem »Viel Spaß dabei« an die Bar.
Auf dem Weg dorthin fiel mir eine hübsche Frau mit einem sexy Halsband auf. Sie lächelte mich an. Nach der Psychopleite von eben war dieses Lächeln Balsam für meine Seele. Und tatsächlich standen wir kurz darauf zusammen am Tresen, tranken Jägermeister, und das Mädel zeigte mir, dass das Halsband eine Tätowierung war. Das nannte ich ausgleichende Gerechtigkeit. Da war eine hübsche Frau, die Jägermeister mochte, und wir hatten über das Tattoo sogar ein gemeinsames Thema. Ich war Feuer und Flamme und hatte nach unserem dritten gemeinsamen Schnaps schon mein Siegerlächeln auf den Lippen, da pflaumte mich die Alte plötzlich an: »Ey, du brauchst mich hier gar nicht abfüllen, ich bezahl jetzt auch mal 'ne Runde.«
Das führte dazu, dass sie nicht nur die nächste, sondern auch die folgenden zwei Runden bezahlte. Dagegen war erst mal nichts einzuwenden. Als sie im Gespräch aber immer gröber wurde, anfing zu rülpsen und mir ständig an die Schulter boxte, verlor ich allmählich die Lust. Ich sah aus dem Augenwinkel, dass mein Kumpel sich inzwischen von der Dicken losgerissen hatte und eine Handbewegung Richtung Ausgang machte. Das nahm ich

als Zeichen und sagte zu meiner Gesprächspartnerin: »Du, ich rück mal vom Hof, hau rein.«
Mit diesen Worten machte ich mir die zweite Feindin dieses Abends. Das Mädel packte mich grob am Arm und funkelte mich an: »Wie, du rückst vom Hof?«
Ich wusste erst gar nicht, was sie von mir wollte, und meinte: »Was gibt's denn daran nicht zu verstehen? Ich hab genug für heute, ich mach die Biege.«
»Du tickst wohl nicht richtig«, polterte sie los. »Ich lass mich hier auf dich ein, ich lass mich von dir abfüllen und du verpisst dich einfach, oder was?«
Dieses besoffene Mädel hielt mir eine Standpauke, dass ich mich fühlte wie ein kleiner Junge, der von seiner strengsten Lehrerin zusammengeschissen wird. Wahrscheinlich hätte sie mir noch aufs Maul gehauen, wenn sie nicht irgendwann vom Barkeeper von der Seite angequatscht worden wäre, woraufhin sie sich abwandte. Was macht ein kleiner Junge in so einer Situation? Richtig. Er macht vorsichtig drei Schritte rückwärts auf die Tanzfläche, setzt sich fast noch auf den Arsch und stiehlt sich dann seitlich mit leisen Schritten aus dem Laden. An der Tür sah ich, wie die Psychoschickse mit einem der Baseballkäppiträger sprach. Hoffentlich hatte der arme Wurm studiert.
So endete mein zweites Club-Revival mit einem Rausschleicher. Und mit Lektion Nummer zwei: Wenn du in einem Club landest, in dem die Frauen rumrülpsen, grob werden oder sich mit sich selbst begnügen, bist es vermutlich nicht du, der in der Midlife-Crisis steckt, sondern es sind die Frauen.

DAS BERGHAIN-INFERNO

Mein Glauben an meine Clubkompatibilität tendierte inzwischen gegen null, da kam mein Kumpel Andi zu mir und meinte: »Du, wir müssen mal wieder in einen Club gehen.«

»Wenn du mit mir deine Midlife-Crisis therapieren willst, vergiss es«, gab ich zurück. »Das Programm habe ich gerade hinter mir.«

Er ließ sich nicht beirren: »Nein, ich spreche doch nicht von irgendeinem Club.«

»Sondern?«

»Alter, wir gehen ins ›Berghain‹!«

Das »Berghain«! Dass ich da noch nicht selbst draufgekommen war. Der Laden galt in Szenekreisen als die heißeste Nummer. Das »DJ Mag« hatte ihn vor ein paar Jahren zum besten Club der Welt erklärt, und er war neben seiner geilen Location in einem alten DDR-Heizkraftwerk vor allem für seine ausschweifenden Partys und freizügigen Gäste bekannt. Allerdings auch für seine rigide Türpolitik.

»›Berghain‹. Meinst du wirklich?«

»Klar, Alter. Da gehen alle dezent auf Drogen, die Mädels sind leicht zu haben, alle machen ein bisschen in Fetisch. Ich sag dir, das wird super.«

Sofort fing es in meinem Kopf wieder an zu rattern: Das erste Mal war ich zu alt gewesen, das zweite Mal zu prollig. Beides war im »Berghain« eher unwahrscheinlich. Man hörte ja die verrücktesten Dinge über den Laden. Da

hieß es, man könnte die Weiber direkt vor Ort flachlegen, die Leute würden auch mal in die Rinne kacken, die Mädels würden sich wegschießen wie Sau, und es gebe einen Darkroom. Ob das alles stimmte, musste man gucken, aber es klang nach Rock-'n'-Roll. Außerdem hieß es überall, dass man im »Berghain« mal gewesen sein musste. Ich war also dabei.
Es gab nur ein Problem: den Eingang. Auch wenn lange Schlangen dafür sprechen, dass ein Club gut ist, ist es mir als altem Türsteher echt zu blöd, mir vor einem Club stundenlang die Beine in den Bauch zu stehen, um reinzukommen. Ich hab also meine Kontakte spielen lassen. Ich kannte einen Typen, der regelmäßig im »Berghain« an der Tür stand. Er mochte mich nicht, weil er im Konkurrenz-Tattoo-Laden arbeitete. Außerdem hatten sich unsere Wege im Osten ab und zu gekreuzt. Damals war er Model, und ich hab mich mal mit seinem kleinen Bruder geprügelt, weil der mit meiner Freundin abgeschoben war. Nicht die besten Voraussetzungen für einen Anknüpfungspunkt, aber immerhin eine ähnliche Vergangenheit, die nach gewisser Zeit ja auch verbindet.
Wir ließen es drauf ankommen. Wir warteten einen Tag ab, an dem der Macker an der Tür stand, rockten an der Schlange vorbei, er nickte uns freundlich ab, und schon waren wir drin im legendären »Berghain«. Riesiges Teil, gute Electro-Mucke, aber auf den ersten Blick ziemlich normal. Ein paar Typen rannten mit freiem Oberkörper rum und ein paar Mädels mit einigermaßen aufreizenden Klamotten, aber es war alles im Rahmen. Wir genehmigten uns also einen Drink und dann noch einen, wippten ein

bisschen zur Musik, beobachteten die frenetisch tanzende Menge, genehmigten uns noch einen Drink, wippten zur Musik, beobachteten die frenetisch tanzende ... Was war denn das? Ich traute meinen Augen kaum. Erst als ich den verblüfften Blick meines Kumpels sah, wurde mir klar: das war keine Fata Morgana. Auf der Tanzfläche vögelte ein Pärchen. Mitten in der Menge stand eine Frau, hatte ihren Rock hochgeschoben und ließ sich von einem Typen rammeln. Bei mir waren auf Anhieb alle Antennen auf Empfang eingestellt. Ich drehte den Kopf und betrachtete die Leute um mich herum, aber abgesehen von Andi und mir nahm niemand von dem vögelnden Pärchen Notiz. Entweder die Leute tanzten, oder sie tranken, oder sie brüllten sich irgendwas ins Ohr, aber sie schienen die beiden Fickmäuse in ihrer Mitte nicht wahrzunehmen. Es war, als ob eine Disco- und eine Pornorealität sich auf dieser Tanzfläche vereinten, ohne sich zu verbinden. Und keiner schien damit ein Problem zu haben. Außer mir. Denn ich war auf einmal spitz wie zwanzig Igel und total hypersensibilisiert für jede Freizügigkeit, die in dem Laden abging. In der einen Ecke knutschten welche, in der anderen machten welche Engtanz, in der dritten zog sich eine Frau ihr T-Shirt über den Kopf. Ja, ja, zeig's uns, Baby ... Verdammt, sie trug ein Top drunter. Aber machte ja nichts. Dafür hatte sich zu dem fickenden Pärchen inzwischen ein zweiter Mann gesellt, dem die Frau vögelnderweise einen lutschte. Wow, das war krass. Ein bisschen eklig, aber krass. Erst jetzt fiel mir auf, dass der Platz neben mir leer war. Ich vergewisserte mich unwillkürlich, ob der zweite Mann in dem Tanzflächendreier nicht zufällig

Andi war, doch da kam er schon mit zwei neuen Drinks von der Bar zurück und drückte mir einen davon in die Hand. Er hatte Schweißperlen auf der Stirn, seine Augen waren seltsam geweitet.

»Alles okay?«, brüllte ich.

»Alter, das ist krass hier«, brüllte er zurück.

Ich nickte und sah zur Bestätigung auf die Tanzfläche, als er sich schon wieder zu mir rüberbeugte: »Hinten in der Ecke bläst ein Typ einem Typen einen.«

Angesichts des verzweifelten Tonfalls, mit dem er diese Worte hervorpresste, musste ich spontan loslachen.

»Du hast doch gesagt, das wird super hier«, meinte ich und klopfte ihm auf die Schulter, woraufhin er zusammenzuckte, als hätte ich ihm an die Eier gefasst. Kurz darauf war sein Drink schon wieder alle, und er stapfte erneut zur Bar. Der Typ war total überfordert. Ich irgendwie auch, aber mich beschäftigte trotzdem die Frage, ob dieser Laden mein neues Revier werden könnte. Ich war unschlüssig. Einerseits machte mich die aufgegeilte Atmosphäre echt spitz, andererseits rebellierte in mir das Herz des Alte-Schule-Machos, der die Frauen noch erobern und nicht im Vorbeigehen auf der Tanzfläche rammeln wollte.

Zack! Schon wurde mir mein nächster Drink in die Hand gedrückt und kurz darauf in mein Ohr gebrüllt: »Hinten liegt 'ne Frau auf 'ner Matratze«, hastig nahm Andi einen Schluck, »und davor stehen drei Typen und glotzen auf ihre Muschi.«

Wo trieb sich der Vogel eigentlich die ganze Zeit rum, bevor er seine Drinks holte? Ich musste mich offenbar mal umsehen.

»Ich guck mir das mal an«, nickte ich.
Ein grantiges »Ja, lass mich ruhig alleine, du Arsch« war die Antwort.
Kurz darauf sah ich all die Dinge, von denen Andi erzählt hatte, mit eigenen Augen. Und noch einiges mehr. Überall gab es Nischen und Verschläge mit Ledermatratzen, es wurde in allen Konstellationen gekokst, gevögelt und geblasen, vor allem aber tanzten zwischendurch immer wieder die ganz normalen Jungs und Mädels, die einfach nur auf die Musik abgingen und völlig befreit wirkten. Entweder hatten die alle schon gevögelt, oder sie hatten irgendwelche Potenz-Beruhigungsmittel genommen, die sie die Porno-Action übersehen ließen. Ich für meinen Teil beschloss in diesem Moment: Ich wollte in diesem Ambiente nicht vögeln, wenn ich es aber nicht tat, bedeutete die Reizflut für mich Stress. Die logische Konsequenz war, dass wir noch einen Absacker trinken und dann die Fliege machen würden.
Andi war einverstanden und spurtete wieder los. Meine Anmerkung, dass auch ich mal die Drinks holen könnte, ging in den dröhnenden Bässen unter, dafür spielte sich vor meinen Augen folgendes Szenario ab: Andi schwankte zur Bar, sah sich kurz vorm Ziel noch mal zu mir um, wollte sich gleichzeitig auf dem Tresen abstützen, erwischte aber stattdessen das Knie eines Typen, der auf einem Barhocker saß und gerade onanierte. Das war zu viel für Andi. Baff, zog er dem wichsenden Typen eine über, ließ den Absacker Absacker sein und stürmte Richtung Ausgang. Ohne Rücksicht auf Verluste wurden die Menschen auf der Tanzfläche nach links und rechts zur

Seite geschubst, ich peste hinterher, so schnell ich konnte, aber verlor den Anschluss, so dass ich meinen Kumpel erst vor der Disse wiederfand, wo er in der kalten Nachtluft stand und lachte wie ein Irrer.
Später saßen wir im Taxi und schnatterten durcheinander wie kleine Mädchen nach ihrem ersten Kuss. Andi erzählte, dass er sich gefühlt habe wie bei einer Orgie, in der eine ferngesteuerte Sekte ihm an die Wäsche wolle, und dass das Verlassen des Ladens sich für ihn angefühlt habe wie das Durchbrechen der Wasseroberfläche nach einem langen Tauchgang. Es war für ihn das Einatmen nach minutenlangem Luftanhalten. Letztendlich musste aber auch er zugeben, dass es super war, dass ein Club wie das »Berghain« in einer von Normen und Verhaltensregeln vollgestopften Gesellschaft wie der unseren überhaupt existierte. Ich bin inzwischen in den »Da muss man mal gewesen sein«-Chor eingefallen, auch wenn ich selbst nicht wieder hinwill. Ich habe das Club-Ding abgehakt. Da bleibe ich lieber bei Konzerten und Bars. Oder ich gehe noch mal in den Puff – und ihr kommt natürlich mit.
Lektion Nummer drei: Freie Liebe und Midlife-Crisis sind keine gute Kombination.

// Bekloppten-Weisheit Nummer 21:
Wer auf dem Balkon Kakteen hat, hat im Club schlechte Karten. //

AB IN DEN PUFF, DIE DRITTE

Keine Angst, wir bleiben diesmal nicht lange, aber nachdem ich meinen ersten beiden, erfolglosen Puffbesuchen so viel Raum gegeben habe, will ich noch kurz auf die Gegenwart eingehen und das Phänomen Bordell aus dem Zwielicht zerren. Meine Meinung ist, dass es gut ist, dass es Puffs gibt. Sie tragen dazu bei, dass die Anzahl der Sexualverbrechen zurückgeht. Die Frauen in freier Wildbahn werden weniger von untervögelten Männern angegeifert. Die Männer müssen nicht mehr so viel wichsen. Die Nutten und Zuhälter haben ihre Einnahmen, zahlen Steuern und kurbeln hintenrum wieder die Wirtschaft an. Dass in dieser Aufzählung ein gutes Stück Sozialromantik drinsteckt, ist mir klar, aber ich spreche auch nicht vom Straßenstrich oder von irgendwelchen Nischen, in denen Menschenhandel betrieben wird. Die Illegalität in diesem Bereich wird doch wesentlich dadurch vorangetrieben, dass viele Kerle aus falscher Scham so anonym und hastig wie möglich einen wegstecken wollen. Und weil sie keine Achtung vor der Frau als Dienstleisterin haben, wollen sie es zudem möglichst billig tun. Somit verdankt die Grauzonenprostitution einen Großteil ihrer Existenz der Verklemmtheit und dem Geiz der Freier. Von mir aus kann man meinen ersten Puffbesuch dafür sogar als Beispiel nehmen. Da bin ich mit einer roten Birne hinmarschiert und war mit meinen 100 Mark nicht wirklich auf hohe Ausgaben eingerichtet. Aber ich habe in den folgenden Jahren dazugelernt. Und die jüngeren Generationen sind offenbar sowieso weiter. Das zeigte mir kürzlich das Gespräch mit einer Tattoo-Kundin. Sie war ein hübsches Mädel Mitte 20, und wir kamen auf das Thema Feiern. Irgendwann meinte sie: »Und wo gehst du hin, wenn du feiern gehst? Ins ›Artemis‹, was?«

Das »Artemis« ist ein Riesen-Saunapuff in Berlin-Charlottenburg, in dem ich tatsächlich öfter unterwegs war. Trotzdem irritierte mich ein wenig, dass das junge Ding mir den Bordell-Opi unterschieben wollte. »Wie kommste denn ausgerechnet darauf?«, fragte ich deshalb vorsichtig.

Ihre arglose Antwort: »Weil meine ganzen Kumpels da auch immer hingehen.«

Dieser Dialog verdeutlichte mir, mit wie viel Offenheit die Internet-Generation dem Thema begegnet. Die Jungs von heute klingeln anscheinend nicht mehr verschämt an der Pufftür und hoffen, dass es keiner merkt. Sie erzählen sogar ihren Freundinnen davon. Wenn man diesen Gedanken weiterspinnt, lassen sich die Männer in zehn Jahren wahrscheinlich von ihren Frauen in den Puff fahren und nach drei Stunden wieder abholen. Ich bin altmodisch genug, um mich zu fragen, ob da nicht ein gewisser Zauber verloren geht, aber mir ist auch klar, dass jüngere Semester mit einem ganz anderen Bild von Prostitution aufwachsen als ich. In den modernen Saunaclubs sieht man am Wochenende mehr Leute unter 30 als ältere. Die Läden haben auch nicht mehr die alte Anrüchigkeit. Das sind Wellnesstempel im Rotlichtformat, die das Publikum über relativ hohe Eintritts-

preise sortieren, dafür neben dem Bordellbetrieb aber auch Schlangentänzerinnen, Buffets, Saunen, Dampfbäder und Massagen anbieten. Sex wird dort als Komponente der Entspannung begriffen. Dementsprechend herrscht Lounge- und Party-Atmosphäre, und gerade an den Wochenenden kommen richtig gutaussehende Typen, um sich vor dem Feiern locker zu machen. Entspannung ist generell ein wichtiges Wort in dem Zusammenhang. Ich habe im Puff erst Sex gehabt, als ich ohne die verkrampfte Absicht, unbedingt vögeln zu müssen, dorthin gegangen bin. Das Geheimrezept war: Ich habe angefangen mit den Mädels zu feiern und mich nicht immer nur aufs Ficken zu konzentrieren. Sofort war ich lockerer, hatte eine bessere Ausstrahlung und konnte die Mädels mit dem Respekt behandeln, den sie verdienen. Zudem ist mir klargeworden, dass immer die Frau entscheidet, wie eine Begegnung abläuft. Wenn du auf Macho machen und die Kontrolle übernehmen willst, wird eine Nutte nur ihr Routineprogramm abziehen, wenn du aber charmant bist und auch mal einen Schein Trinkgeld rüberschiebst, sind die schärfsten Vögeleien drin. Gabi würde dazu sagen: »Dann klappt's auch mit der Erotik.«
Ich habe heute viele Mädels aus dem Milieu als Kundinnen und dadurch eine Menge darüber gelernt, wie sie ticken. Der größte Quatsch ist, dass Nutten zwangsläufig Schlampen sind. Die meisten wissen sehr genau, dass es bei dem Job um ihre Würde geht und dass sie gewisse Grenzen nicht überschreiten dürfen. Den meisten ist auch klar, dass sie, wenn sie diesen Job ein paar Jahre ausüben, wahrscheinlich für den Rest ihres Lebens etwas

zu verarbeiten haben. Der Rest kommt sehr auf die Motivation an, mit der sie den Job machen. Manche wollen tatsächlich das Pornoklischee mit Silikon, Fingernägeln und massenweise Schmuck zelebrieren, andere machen es als Nebenerwerb zum Studium, wieder andere nutzen den Job, um Sadomaso-Fantasien auszuleben, und dann gibt es noch die Ehefrauen, die von ihrem Mann keine Beachtung mehr bekommen und sich für die Rolle als Hausmütterchen zu schade sind. Eine solche Frau lässt sich bei mir tätowieren. Sie arbeitet heimlich in einem Wohnungspuff, ohne dass ihr Mann davon weiß. Irgendwann habe ich sie gefragt: »Was würdest du eigentlich machen, wenn dein Macker auf einmal als Freier im Raum stehen würde?«

Sie antwortete: »Ganz einfach. Ich würde ihn fragen, was ihn in den Puff treibt?«

Das leuchtete mir ein.

Damit wären wir zurück im Wohnungspuff und beenden das Thema mit einer lustigen Anekdote, die mir in einem solchen passiert ist. Der Laden gehörte einem ehemaligen Türsteherkumpel, und ich hing dort öfter rum. Mehr, um ihn zu besuchen, als um zu vögeln, aber auch das kam vor. Einmal kam ich gut angesoffen zu dem Laden und wollte meinen Kumpel zum Feiern abholen, doch er war nicht da. Weil das Personal mich kannte, ließen sie mich dennoch rein, und ich bin ein bisschen durch die Räume getigert. Irgendwie hatte ich sogar Bock zu ficken, vor allem aber hatte ich einen riesigen Kohldampf. Da kam ich an der Küche vorbei. Für Freier war dort kein Zutritt, aber ich gehörte ja quasi zum Personal, also wagte ich einen Blick – und sah auf dem Tisch zwei brennende Kerzen und dampfendes, duftendes Essen. Ich sah einmal nach links und einmal nach rechts, und als niemand kam, der sich auf die Mahlzeit freute, dachte ich in meinem Sausuff »Bevor's kalt wird …«

Schon hockte ich am Tisch und spachtelte mit größtem Genuss den Teller leer. Es war irgendein asiatisches Gericht, auf jeden Fall lecker. Nachdem ich den letzten Bissen verputzt hatte, pustete ich die Kerzen aus und wollte zurück in den Flur, als auf einmal eine kleine Thai-Nutte mit versteinerter Miene im Türrahmen stand. Bevor ich etwas sagen konnte, fing sie an zu brüllen und mit harten Schlägen auf mich einzudreschen. Ich wollte sie beruhigen und brüllte gegen ihr Geschrei an: »Ist ja gut, ist ja gut. Ich koch dir was Neues.«

Aber damit war es nicht getan. Ich hatte nämlich gar nicht ihr, sondern ihrem Gott das Essen weggefressen. Dieses Mädchen kochte jeden Abend, zündete zwei Kerzen an, und erbat sich durch diese Opfergabe gute Geschäfte und gutes Karma. Durch meine Fresswut und das Ausblasen der Kerzen hatte ich ein heiliges Ritual zerstört. Ich habe jede Menge Schläge für die Freveltat kassiert. Blaue Flecken kann man sich im Puff also nicht nur bei Sadomaso-Spielchen holen.

// Beklopppten-Weisheit Nummer 22:
Gegessen wird zu Hause! //

FIT FOR FUCK

Heutzutage ist die Kontaktbörse Nummer eins das Fitnessstudio. Wenn die Leute sich nicht übers Internet kennenlernen, dann dort. Warum ist das so? Weil im Fitnessstudio eine Ebene herrscht, die Ehrlichkeit schafft. Dadurch dass die Leute dahin gehen, signalisieren sie einerseits Körperbewusstsein, andererseits ist es kein Ort, an dem sie sich übertrieben aufdonnern. Natürlich werden über enge Sportklamotten Reize geschaffen, aber alles Überschminkte und Überstylte ist fehl am Platz. Dadurch werden einige übliche Mechanismen von Statusgehabe ausgehebelt. Der Bauarbeiter, der vielleicht dümmer ist als du und weniger Geld auf dem Konto hat, ist hier trotzdem überlegen, weil er den dickeren Arm hat. Überdies erkennt man daran, wie die Leute trainieren, ob sie übertreiben oder Maß halten können, ob sie Mega-Machos oder verbissene Aerobic-Bienen sind oder einfach ihrem Körper etwas Gutes tun wollen. All das lässt Rückschlüsse darauf zu, wie entspannt sie im Privatleben sind.

Ansonsten kann man bestens beobachten und man kann immer flirten. Vorausgesetzt, man ist schon ein halbes Jahr im Training und kein totaler Fettsack mehr. Der Konkurrenzkampf ist schließlich groß. Das Motivationslevel und die Chancendichte aber auch. Also, los!

Spannerei im Fitnessstudio will gelernt sein. Den Männern kann ich an dieser Stelle nur sagen: Bitte nicht starren! Wenn die heiße Biene vor dir auf dem Laufband steht und du pausenlos ihren Arsch fixierst, während sie im Spiegel die ganze Zeit sehen kann, dass du sie anglotzt, hast du verloren. Guck in die Runde, aber starre nicht. Sonst geht's dir irgendwann wie mir, als ich mal eine Frau beobachtete, die beim Training schwitzte, bis ihr der Schweiß ins Dekolleté lief. Ich fand das heiß und konnte nicht mehr richtig weggucken. Irgendwann schnipste ein Trainer vor meiner Nase und meinte: »Na, Meister. Alles gesehen?«

In diesem Moment guckte die Frau. Peinlich. Ich hab mich sofort aus dem Staub gemacht.

Insofern: Lieber eine harte Übung machen, fünf Minuten hochpumpen wie ein Stier und dann in einer kurzen Atempause den Blick wandern lassen. Du musst den Eindruck erwecken, dass du nur zum Trainieren da bist. Eigentlich geht dir jeder, der dich dabei stören könnte, auf den Sack. Auch die Weiber. Es ist das Übliche: Wenn du Desinteresse ausstrahlst, bist du interessant. Denn es ist ja nicht so, als ob die Frauen nicht gucken würden. Für die ist ein Fitnessstudioflirt genauso spannend. Sie gehen das Ganze nur diskreter an.

Da sie aber alle da sind, weil sie mit ihrem Körper nicht komplett im Reinen sind, hat man immer einen Anknüpfungspunkt. Besonders traumhaft sind Frauen über 30. Die wollen nicht nur ackern, sie wollen auch nicht älter werden. Wenn du solche Chicas von der Seite anquatschst: »Wow, ist ja bewundernswert. Du bist echt jeden Tag hier, was?«, und die antworten »Nö, Quatsch, nur dreimal die Woche«, hast du sie schon im Sack. Dann hast du sie bei ihrem Komplex gepackt und liegst in der Spur.

Dann sagst du »Ach so, verstehe …« und grinst dir einen. Darauf kommt garantiert: »Was grinst du denn so?«
»Weißt du was, ich glaube an Zeichen. Wenn du nur dreimal die Woche hier bist, dann scheinen wir immer zur gleichen Zeit hier zu sein. Ist doch kein Zufall.«
Dann sagst du irgendwas Nettes über ihre Turnhose oder ihre Schuhe oder ihre Haare oder ein Tattoo, das sie möglicherweise hat. Darauf darf sie noch antworten, danach solltest du das Gespräch aber abbrechen, sonst wird's penetrant. Wünsch ihr noch viel Spaß, geh wieder trainieren und heb dir die nächste Stufe für die Zukunft auf.
Beim nächsten Mal gehst du vorbei und grüßt sie kurz. Ihr kennt euch ja inzwischen flüchtig. Mehr aber auch nicht. Deshalb bleibt's bei einem Nicken oder einem »Na, geht's dir gut?«
Dann gehst du eine halbe Stunde trainieren. Das ist in diesem Moment nicht nur Körper-, sondern auch Egotraining. Wenn du aufgepumpt bist, fühlst du dich gut, bist entspannter und selbstbewusster, um anschließend wieder an ihr vorbeizugehen und einen Spruch loszulassen. Je nachdem, wie sie drauf ist und reagiert, kannst du ihr auch lachend einen Vogel zeigen und sagen: »Von wegen nicht jeden Tag hier. Wer's glaubt.«
Hauptsache, du bringst sie zum Lachen und ziehst danach gleich weiter. Dieses oberflächliche Level solltest du drei Wochen durchhalten. Hab Geduld. Lass das Ding tanzen und beobachte. Trainiert sie nur oder geht sie danach am Tresen noch was trinken? Wann genau kommt sie? Hat sie spezielle Rituale? Welche Klamotten trägt sie? Solche

Punkte musst du abchecken, um schließlich einen Tag zu erkennen, an dem sie so gut drauf ist, dass du sie das erste Mal »zufällig« nach dem Training am Tresen abfangen und in ein erstes etwas längeres Gespräch verwickeln kannst. Ihr habt mittlerweile ein Verhältnis zueinander, ihr seid euch nicht mehr fremd, das Umfeld ist vertraut, insofern wird sie es dir gar nicht abschlagen können. Wichtig bei diesem Gespräch: Frag nicht nach einer Verabredung. Bleib allgemein, interessier dich für sie, wende die Dinge an, die du in den letzten drei Wochen beobachtet hast, und versuche, auf dieser Ebene ein paar Informationen über ihr Leben jenseits des Fitnessstudios einzuholen. Wenn sie sich darauf einlässt, kannst du sie beim nächsten Mal fragen, ob sie nicht mal Bock hat, was trinken zu gehen. Das ist dann zwar wirklich die plumpe Anmache, aber um diesen Punkt kommst du nicht herum. Und du darfst ihn auch nicht zu lange hinauszögern, sonst denkt sie, du bist schwul, verheiratet oder ein Spinner. Außerdem hast du dir die plumpe Anmache nach der langen Anwärmzeit verdient. Zumal du dadurch, selbst wenn du abblitzt, einigermaßen unpeinlich aus der Nummer rauskommst. Wenn du aber eine Verabredung bekommst, wirst du ein aufgeheiztes und aufgestrapstes Date erleben, bei dem du das Ding auf jeden Fall eintütest. Du musst dich schon sehr dumm anstellen, um jetzt noch etwas zu verbocken, denn die Frau hat sich in diesem Moment schon auf dich eingelassen, und damit ist der Drops in der Regel gelutscht.

Warum ich all das erzähle? Weil ich weiß, dass es klappt. Und weil es Spaß macht. Und weil das Fitnessstudio der einzige Ort ist, an dem die Kontaktaufnahme in einer solch steuerbaren Form möglich ist. Das geht nicht in Bars, weil es dort keine Ruhe gibt. Das geht nicht im Job, wo zu viel Verbindlichkeit das Arbeitsklima und die Existenz gefährdet. Es geht auch nicht im Internet, wo bis zur ersten Verabredung immer noch ein Stück Anonymität übrig ist. Nein, das geht nur im Fitnessstudio. Eine schöne Erklärung, warum momentan alle wie die Verrückten zum Trainieren rennen, oder? Und ein Beweis, dass viele der heutigen Bekloppheiten mit der Suche nach Sex zu tun haben.

// Bekloppten-Weisheit Nummer 23:
Um eine plumpe Anmache kommt man nicht herum. //

DER SCHWARZE PETER

In meinem ersten Brasilien-Urlaub gab es einen lustigen Vorfall. Wir waren als Gruppe unterwegs und wohnten zusammen in einem Hotel, alle auf dem gleichen Flur. Natürlich wurde viel gefeiert, viel gesoffen und viel gevögelt. So weit, so normal. Eines Nachts unterhielt ich mich mit einem Kumpel auf dem Flur, während zwei andere gerade ihre Eroberungen aufs Zimmer schleppten.

Der eine verschwand mit einer hochgewachsenen, wunderschönen Lady, die mit einem geilen weiblichen Hüftschwung den Flur runterschwebte, im rechten Zimmer, der andere mit einem typischen, etwas älteren brasilianischen Partyluder im linken. Es dauerte nicht lange, und links brach die berühmte Stöhn-und-Rammel-Geräuschkulisse los, die jeder kennt, der schon mal in einer Wohnung oder einem Hotel mit dünnen Wänden zu Gast war. Wir grinsten uns an und horchten nach der anderen Seite, aber im Zimmer rechts blieb es verdächtig still. Irgendwann kam mir das komisch vor, und ich drückte ein Ohr gegen die Tür. In diesem Moment begann mein Kumpel auf der Innenseite laut zu fluchen: »Scheiße, was ist das denn?«
Irgendwas Portugiesisches, was ich damals noch nicht verstehen konnte, kam zurück. Dann wieder mein Kumpel: »Scheiße, raus hier!«
Wieder Portugiesisch.
»Raus hier, hab ich gesagt. Aber ganz schnell!«
Ich konnte gerade noch von der Tür wegspringen, als auch schon die hübsche Lady, ihr Kleidchen zurechtzupfend und barfuß, aus dem Zimmer stürmte und unter empörtem portugiesischem Gefasel zum Fahrstuhl stapfte. Wir guckten uns an und gingen ins Zimmer unseres Kumpels. Er saß mit offenem Hosenstall und schreckgeweiteten Augen auf der Bettkante und stammelte: »Scheiße, Schwarzer Peter. Schwarzer Peter.«
Ich meinte: »Was bitte?«
Daraufhin er kopfschüttelnd: »Verdammt, die Alte hatte einen Schwanz.«

Peng, das saß. Mein Kumpel und ich mussten uns spontan totlachen, und das mit dem Schwarzen Peter machte auf einmal irgendwie Sinn. Der arme Hund war an eine Transe geraten. Dumm gelaufen und für ihn ein ziemlicher Schock. Ich versuchte ihn zu beruhigen. In meinem Job habe ich immer mal wieder mit Transen zu tun und habe einen Heidenrespekt vor diesen Menschen. Ich weiß, was sie durchmachen, bis sie endlich das sein können, was sie sind. Und ich weiß, wie hart es für sie ist, permanent gegen das Unverständnis der Gesellschaft anzuarbeiten, ohne dabei eine Wahl zu haben. Dieser Emanzipationsprozess hat bei vielen Transen zur Folge, dass sie sich voll aufs Frau-Sein, auf ihren Körper und ihre Weiblichkeit konzentrieren und dadurch so viel Würde und Anmut ausstrahlen, dass manche »echte« Frau gar nicht mithalten kann. Sicher, es gibt auch die ungepflegten Transen mit den Stoppeln am Kinn und zu viel Lippenstift um den Mund, aber das Fräulein, an das mein Kumpel geraten war, gehörte definitiv nicht zu dieser Kategorie. Wenn die schon ihre Geschlechtsumwandlungsoperation hinter sich gehabt hätte, hätte er vielleicht gar nichts gemerkt, aber das bleibt Spekulation.
Kurz und gut: Wir haben einen auf das Missgeschick gesoffen und der Kumpel zog für den Rest des Urlaubs die Partyluderfraktion der Grande-Dame-Spezies vor. Damit hätte das Ganze im Prinzip gegessen sein können, aber irgendwie bekam ich die Geschichte nicht mehr aus dem Kopf. Zum einen, weil ich dachte »Kacke, was ist, wenn dir mal so was passiert«, andererseits, weil mich der Gedanke irgendwie auch wieder reizte.

So kam es, wie es kommen musste. Wir waren eine Woche später mal wieder auf einer Party unterwegs. Es war eine tolle Atmosphäre, alles war easy, und ich war zu fortgeschrittener Stunde wild am Knutschen mit der heißen Maria. Wir haben geflirtet, getrunken und immer wieder geknutscht, bis mich ein brasilianischer Kumpel zur Seite nahm und meinte: »Mensch, Krause, biste jetzt schwul geworden, oder was?«
Ich wusste nicht, was er von mir wollte, und sagte lachend: »Wieso? Willst du mit mir poppen?«
»Nö, aber du machst hier schon den ganzen Abend mit einer Transe rum.«
Ein Glück, dass der Freund mit dem Schwarzen Peter in diesem Moment nicht in der Nähe war. Sonst hätte der gesehen, wie ich, der weltoffene Checker mit dem Transendurchblick, auf einmal gar nicht mehr so entspannt war. Ich hab mich tierisch aufgepustet, rumgebrüllt und den Kumpel angeschissen, warum er mir erst jetzt Bescheid sagte, wo ich schon zwei Stunden mit der Alten geknutscht hatte. Aber er hat sich keinen reinwürgen lassen und meinte, ich solle mich abregen, weil auf dieser Party eigentlich jeder wisse, dass Maria eine Transe sei. Toll. Danke für die Info. Das hieß automatisch, dass in der Runde auch jeder über meinen Fehltritt Bescheid wusste. Ich habe nach dieser Ansage erst mal eine halbe Stunde mit mir selbst gerungen. Aber dann bin ich zurück auf die Party, hab meiner Knutschpartnerin einen Cocktail hingestellt und ihr ein Kompliment gemacht. Wenn nicht mal ein Machoarschloch wie ich merkt, dass er an eine Umgebaute geraten ist, dann hat sie definitiv

alles richtig gemacht. Wir haben also gut gelacht, einen getrunken und sogar noch mal rumgeknutscht. Hat sich irgendwie ganz anders angefühlt als vorher, was mir mal wieder gezeigt hat, wie sehr unser Bewusstsein uns eigentlich im Griff hat. Für einen Augenblick habe ich trotzdem drüber nachgedacht, ob der Schwanz von Mario oder wie auch immer Maria vorher geheißen hatte, vielleicht schon ab wäre und noch mehr gehen könnte. Aber ich hab's nicht drauf ankommen lassen. Ich denke, das war für beide Seiten besser so.

Trotzdem hat mich dieser Urlaub für das Thema sensibilisiert. Inzwischen habe ich mitbekommen, dass es in meinem Bekanntenkreis einige Kerle gibt, die sich ganz bewusst auf Transen einlassen, weil sie total auf die Mädels abfahren. Gerade einige harte Rockertypen, deren Lieblingshobby neben Motorrädern vor allem zünftige Keilereien sind, stehen drauf. Wahrscheinlich, weil ihre Rebellion gegen gesellschaftliche Normen sich bis in ihr Sexleben fortsetzt. Letztendlich ist es aber vermutlich eine Fantasie, die viele Kerle haben. Und wenn eine solche Fantasie erst mal im Kopf rumspukt, dann muss man sie auch mal ausleben. Ich persönlich finde, dass ich mit meiner Transenknutscherei gut bedient bin – oder glaube zumindest so lange daran, bis ich selbst noch mal den Schwarzen Peter ziehe. Dann sehen wir weiter.

// Bekloppten-Weisheit Nummer 24:
Die schönsten Frauen sind keine. //

VERY IMPORTANT PERVERSIONS

Bist du VIP? Ich sag's dir: Ja, bist du. Weil das heutzutage nämlich alle sind. Ob man da überhaupt noch einer sein will, muss jeder selber wissen. Ich persönlich finde den Zirkus mit den Sondereingängen und den verschiedenfarbigen Armbändchen und den Gästelisten eher nervig. Erstens, weil sich das »Ich will was Besonderes sein«-Gefühl in diesem Fall dadurch ausdrückt, dass Leute sich über andere stellen, zweitens, weil ihr Selbstbewusstsein nicht aus ihnen selbst heraus erwächst, sondern immer einer Legitimation durch eine höhere Stelle bedarf. Wie sinnlos das alles ist, fiel mir das erste Mal so richtig auf, als ich während der Berliner Fashion-Week zu einer Bread-and-Butter-Veranstaltung im »Magnet-Club« eingeladen war. Es gab dort einen offiziellen Eingang und einen, über dem der Schriftzug »VIP« prangte. So weit, so normal. Eher ungewöhnlich war allerdings, dass sich unter dem VIP-Schild eine Riesenschlange drängelte, während am »normalen« Eingang gähnende Leere herrschte. In meiner Welt war der Sinn von Extratüren immer gewesen, Exklusivgästen das Schlangestehen zu ersparen. Hier schien es genau umgekehrt zu sein. Ich ging also auf den leeren Eingang zu und bemerkte zum Türsteher: »Gibt's da drüben was Besonderes? Sieht ja aus wie im Osten, wenn's Bananen gab.«

»Nö, die könnten eigentlich auch bei mir reinkommen«, meinte er. »Aber ich bin ganz zufrieden, dass ich nicht so viel zu tun hab.«

»Vielleicht ändert sich das ja noch, wenn die anderen Leute kommen«, meinte ich und ließ mir von ihm ein rotes Bändchen ans Handgelenk knipsen.

»Andere Leute?«

»Na, die, die keine Einladung haben.«

»Ach so«, grinste er. »Gibt's nicht. Hier kommen heut sowieso nur geladene Gäste rein.«

Bei so einer Sachlage drängt sich doch die Frage auf: Wie viel VIP bleibt übrig, wenn die VIPs sowieso unter sich bleiben? Und wie pervers ist es eigentlich, wenn drei Buchstaben auf einem Schild Leute dazu veranlassen, ihren gesunden Menschenverstand auszuschalten und sich zu quetschen, bis sie grün und blau sind, während sie nebenan einfach nur durch die Tür marschieren müssten? Egal. Ich hockte mich an die Bar, bestellte Tequila und beobachtete, wie die kleinen Modelmäuschen mit ihren geschniegelten Freunden durch den VIP-Eingang quollen. Alle waren sie aufgedonnert, was das Zeug hält, die High Heels und die Beine reichten bis unter die Decke, die Frisuren auch, ein Mädel hatte sogar Flügel am Rücken und eine blaue Perücke auf dem Kopf. Allerdings hatten sie alle nicht viel Gelegenheit, ihre schicken Outfits zu präsentieren. Die nächste Prüfung stand schon bevor: Die Veranstalter hatten am Ende der Tanzfläche einen Extrabereich abgesperrt, der vielleicht für 50 Leute geeignet war, in dem sich mittlerweile aber bestimmt 200 tummelten. Alle, die sich eben noch vor der Tür gedrängelt hatten, drängelten sich also wenig später in diesem Super-Sonder-Spezial-Viereck, wo es endgültig mit der Bewegungsfreiheit vorbei war und das Model-Outfit zum

Zerknittern verdammt war. Der Rest des Ladens war leer, und ich hatte den Tresen für mich alleine. Bei meiner nächsten Bestellung fragte ich die Barfrau: »Schenken die den Tequila da drüben in Platingläsern aus, oder was ist da los?«
Die Antwort: »Nee, da gibt's gar keinen Tequila. Da gibt's nur Sekt.«
»Und was wollen dann alle da?«
Sie zuckte mit den Schultern und meinte: »VIP-Bereich.«
Spätestens in diesem Moment war mir klar, was für ein hohler Zahn dieser Begriff eigentlich geworden ist. Unter dem Deckmantel der Exklusivität wurde da drüben eigentlich nur gespart und gestresst, und die Leute fühlten sich womöglich noch privilegiert dabei. Schon verrückt. Aber was glaubt ihr, wie privilegiert ich mich erst fühlte mit meiner Einzelbetreuung? Ich blieb an meinem Platz sitzen, trank, beobachtete das Geschubse und Geschwitze in der Ecke und fühlte mich wie der König. Als ich irgendwann ziemlich einen im Tee hatte, stapfte auf einmal das Mädchen mit der blauen Perücke auf die Bar zu und setzte sich neben mich. In der Hand hielt sie ihre Flügel.
»Ups, was ist denn da passiert?«, fragte ich.
»Abgebrochen«, antwortete sie. »Scheiße, ist das voll da hinten.«
»Trinkst du einen mit?«
Sie nickte. Kurz darauf stießen wir an.
»Bist du Model?«
Bei dieser Frage prustete sie ihren Schnaps über den Tresen, schüttelte den Kopf und quiekte: »Knapp daneben.«

»Designerin, oder was?«
»Nö, ich arbeite im Supermarkt«, gluckste sie. »Und weißt du, wo da?«
Ich schüttelte den Kopf, da platzte sie heraus: »Hinter der Käsetheke.«
Das Weib schmiss sich halb weg vor Lachen über diesen Satz. Ich fand's eigentlich gar nicht so komisch, doch sie erzählte mir, dass sie sich bei der Veranstaltung total fehlplaziert fühle und eigentlich nur eine Freundin begleite, die auf die Modeschule ging. Die hatte auch ihr Flügel-Outfit entworfen, von dem das Mädel aber überfordert war. Sie stellte sich den ganzen Abend vor, wie es aussähe, wenn sie in diesem Aufzug ihren Job hinter der Käsetheke verrichten würde. Kurzum: Wir hatten einen netten Dialog, und ich kaufe jetzt regelmäßig bei ihr ein. Seitdem sind Käsetheken für mich die VIP-Bereiche der Supermärkte und VIPs die normalsten Menschen der Welt.

// Beklopptenweisheit Nummer 25:
Alles Käse! //

DAS FICKBOOK-EXPERIMENT

Facebook ist die Heimat der Spinner. Wer für das wahre Leben noch üben muss oder sich interessanter machen will, als er wirklich ist, ist dort richtig. Ich dachte lange, ich gehörte nicht zu diesen Leuten. Ein Irrtum. Und der Beginn eines neuen Experiments.

Ich bin ein Typ, der sich instinktiv gegen Dinge wehrt, die alle machen, die er aber persönlich als Schwachsinn empfindet. Facebook war so ein Ding. Ich habe lange nicht gerafft, warum meine Kollegen, meine Kunden und meine Freunde dieses Portal auf einmal in einen Status hievten, den es meiner Meinung nach überhaupt nicht verdient hatte. Plötzlich schienen die alle nichts anderes mehr zu tun zu haben, als ihre Online-Bekanntschaften zu pflegen. Wenn diese Facebook-Junkies dann mal wieder bei mir im Laden oder auf Partys auftauchten, hab ich große Augen gemacht und gefragt »Du hier und nicht bei Facebook?«. Inzwischen passt nicht mal mehr diese Aussage, weil das ganze Ding mittlerweile übers Smartphone abgewickelt wird und somit permanent im Hintergrund mitläuft.

Kurz und gut: Mir ging Facebook auf den Sack, und ich fand das alles bescheuert. Da ich aber ständig mit dem Thema konfrontiert war, beschloss ich, ein Experiment daraus zu machen, und meldete mich an. Bam, damit war es um mich geschehen. Innerhalb kürzester Zeit bin ich zum miesesten Facebook-Jünger mutiert, den man sich vorstellen kann, und war schlimmer als alle Leute, über die ich mich vorher lustig gemacht hatte. Ich hab mich selbst nicht wiedererkannt, wie ich zuerst auf das Ding gespuckt hatte und plötzlich nicht mehr davon loskam. Andererseits konnte ich meine Sucht immerhin noch damit rechtfertigen, dass sie für mich Teil des Experiments war, mit dem ich ausprobieren wollte, mit wie vielen Frauen gleichzeitig ich es schaffen würde, zu texten und zu flirten, bis es nicht mehr zu bewältigen wäre. Ich hab teilweise simultan mit 40 Weibern hin- und hergeschrieben. Bei so einem Durchlauf erkennt man schnell wiederkehrende Muster. Über den Daumen gepeilt kann ich sagen, dass 50 Prozent der Frauen nach der dritten oder vierten Nachricht so weit waren, dass sie sich entweder treffen oder vögeln oder zumindest Nummern austauschen wollten. Facebook ist der pure Jahrmarkt. Wenn's hochkommt, geht es vielleicht zu 20 Prozent um die Pflege von echten Freundschaften, der Rest ist eine Flirt- und Fickbörse von monströsem Ausmaß. Das ist auch der Grund, warum ich das Ding inzwischen in Fickbook umgetauft habe. Bei Facebook geht es irgendwie ständig ums Ficken. Andererseits muss man auch sagen, dass es bei den wenigsten Bekanntschaften wirklich zum Ficken kommt. Wenn es ans Eingemachte geht, machen die meisten Mädels einen Rückzieher. Gerade diejenigen, die am vulgärsten rumtönen, sind in der Regel besonders verklemmt oder besonders unerfahren. Um das zu erkennen, musste ein Typ wie ich erst mal austesten, was drinsteckt in so einem Fickbook. Ein paar abgefahrene Geschichten will ich euch nicht vorenthalten.

DIE JUNGE FICKSCHLAMPE

Um festzustellen, dass Mädels, die (wenn überhaupt) gerade der Minderjährigkeit entwachsen sind, heutzutage oft aussehen wie verruchte Vamps von Mitte 20, muss man nicht zu Facebook gehen. Diese frühreifen Hühnchen trifft man in jeder Shoppingmall. Allerdings redet man dort nicht mit denen. Ich zumindest nicht. Bei Facebook dagegen passiert es mir häufig, dass mich Mädels antexten, von denen ich erst denke, was für heiße Teile sie sind, um erst später über ihre Jugend zu stolpern. Das sind die Kandidatinnen mit den durchgestylten, lasziven Fotoalben, von denen man denkt, dass sie eigentlich besser im Playboy aufgehoben wären als in einem Privatprofil. Im Nachhinein weiß man bei denen nie, ob ihre Fotos überhaupt echt sind und ob sie nur spielen wollen, einen verarschen oder sich selbst austesten. Was man weiß, ist, dass sie die Kommunikation gerne mit der unbeholfenen Floskel »Hey, schöner Mann« beginnen.

Klingt ja auch ganz nett, so dass ich mich anfangs geschmeichelt fühlte und pflichtbewusst Komplimente zurückgeschrieben habe. Immer nach dem Motto, dass ich sie auch ganz niedlich finde und so weiter. Die Standardantwort: »Danke, schöner Mann. Du bist ja bestimmt ein richtig Netter, oder?«

Solche lauernden, aber einigermaßen neutralen Fragen werden so lange variiert, bis einem auch nur die kleinste Schlüpfrigkeit rausrutscht, nach der es dann sofort zur

Sache geht. Eine dieser sexy Junior-Vamp-Ladys habe ich mal gefragt, ob sie mir nur schreibt, um rauszufinden, wie es sich anfühlt, wenn ein 20 Jahre älterer Mann auf sie abfährt. Darauf kam ein schüchternes »Rotwerd!« zurück, auf das ich nicht sofort geantwortet habe, so dass fünf Minuten später neue Saiten aufgezogen wurden und ein »Ich will deine Fickschlampe sein« durch den Äther kam. Ganz ehrlich: Ich mag ein simpel gestrickter Typ sein, der sich auch mit billigen Anmachen zufrieden gibt, aber das kam selbst für mich ein bisschen plump rüber. Ich hab wieder nicht geantwortet. Danach war einen halben Tag Ruhe, und am Abend kam die abgefahrene Nachricht: »Schade, dass du nicht mehr geschrieben hast. Ich wünsche dir eine gute Nacht und küsse dich auf deinen Penis.«
Ich küsse dich auf deinen Penis? Autsch. Nach diesem Klops war es dann endgültig vorbei mit der Erotik. Ich konnte förmlich die Schminke von den Profilfotos dieses Mädchens abbröckeln sehen, unter der ein gelangweiltes Schulmädchen zum Vorschein kam, das zu viele schlechte Pornos geguckt hat.
Ich war so naiv, mir danach einzubilden, dass die Geschichte mit eisernem Schweigen von meiner Seite erledigt wäre, aber keineswegs. Am nächsten Morgen kam »Ich bin's wieder, deine Fickschlampe«. Und zwei Stunden später: »Hey, schöner Mann, ich dachte, du fährst auf mich ab.« Weiter ging's mit »Wenn du mir ein Foto von deinem Penis schickst, bekommst du ein Foto von mir im Slip«, und letztendlich schickte sie mir ein Bild von irgendeinem Hintern, das mit »Ich im sexy String« betitelt war. Als ich darauf immer noch nicht eingegangen bin, ging's mit Be-

schimpfungen los: »Du Machoschwein, du Penner, antworte endlich!« Gleichzeitig trudelte eine Nachricht von einem ähnlichen Kaliber ein, die wieder mit den Worten »Hey, schöner Mann« begann. Ich hab sofort das Profil gecheckt und gesehen, dass die Neue mit der Fickschlampe befreundet war. Also, hab ich zurückgeschrieben: »Du, ich glaub, wir lassen das besser. Deine Freundin ist gerade überhaupt nicht gut auf mich zu sprechen.«

Die Antwort: »;-) Macht nichts.«

Dann wieder Fickschlampe: »Drecksau!«

Die Neue: »Schickst du mir ein Foto von deinem Penis?«

Ich habe keine Ahnung, ob die beiden eine persönliche Sammlung von Pimmelfotos anlegen wollten, ob sie miteinander oder gegeneinander gespielt haben oder ob sie das, was sie schrieben, vielleicht sogar ernst meinten. Ich weiß nur, dass auch die zweite Lady anfing, mich zu beschimpfen, als ich ihr nicht mehr antwortete.

Wenn ich in Zukunft die Floskel »Hey, schöner Mann« höre oder lese, nehme ich die Beine in die Hand und renne.

DAS AUGE SATANS

Ein witziges, aber auch sehr krankes Facebook-Erlebnis war eine Frau, die ich »das Auge Satans« nenne. Auf ihren Profilfotos war sie sehr hübsch anzusehen und sie hatte beim Schreiben jede Menge Witz. Eigentlich hatte sie mich nur angeschrieben, weil ihre Freundschaftsanfrage abgewiesen wurde. Nach 5000 Freunden ist bei Facebook ja Schluss, und ich hatte irgendwann in der Tat so viele. Ich hab das kurz erklärt und gesagt, dass sie die Ablehnung nicht persönlich nehmen soll. In null Komma nix kam von ihr die Frage, ob wir uns auf einen Kaffee verabreden wollen. Spontan hab ich geantwortet: »Mit dir verabrede ich mich doch nicht. Laut deinem Profil stehst du auf den FC Bayern, steckst in einer Beziehung und bist überzeugte Christin. Was soll denn das werden mit uns?«

Das ist ja auch so ein kranker Aspekt an der Facebooknummer: Du hast sofort Informationen über die Leute und bewertest sie danach. Und ganz ehrlich: Warum will sich eine liierte Christin, die Fan vom FC Bayern ist, mit einem Typen wie mir verabreden, der oberflächlich betrachtet der personifizierte Antichrist ist und auf Hertha steht? Da fällt mir nur ein, dass sie entweder vögeln oder mir aufs Maul hauen will oder irgendeine Persönlichkeitsstörung abarbeiten muss. Aber eins nach dem anderen: Von ihr kam ein bisschen »Hihi« und »Haha« zurück, dann schickte sie mir ihre Telefonnummer. Ich hab ironisch zurückgeschrieben: »Du gehst ja ganz schön ran.« Als ich allerdings noch mal ihre geilen Profilfotos mit den schönen Titten anguckte, war ich nicht mehr vollständig Herr der Lage, darum habe ich ihr ebenfalls meine Nummer geschickt. Allerdings mit einer klaren Ansage: »Wenn wir nach einer Stunde schon beim Nummerntauschen sind, dann lass uns nicht lange um den heißen Brei herumreden: Dann geht's hier ums Vögeln,

und dann wird das durchgezogen, sonst verschwenden wir beide nur Energie.«
Danach war Funkstille. Kein »Hihi«, kein »Haha«, kein gar nichts kam mehr. Übrigens ein typischer Facebook-Verlauf. Sobald es konkret wird, machen die meisten Mädels einen Rückzieher, weil sie eigentlich nur austesten wollen, wie weit sie bei den Typen gehen können.
Ich dachte also, die Sache mit der Frau wäre gegessen, und ging wieder an die Arbeit. Eine Stunde später klingelte mein Telefon. Ich ging ran, und durch den Hörer kam ein gutgelauntes: »Hi, ich bin's. Wir haben grad bei Facebook geschrieben. Ich wär dann so weit, wir können uns treffen.«
Ich musste das erst mal sortieren, bevor ich überhaupt kapierte, wer dran war. Schließlich stellte sich heraus, dass die liierte Bayern-Christin gerade bei mir in der Nähe war, also saßen wir uns wenig später in einem Café an der Spree gegenüber. Ganze drei Stunden nachdem wir uns das erste Mal auf Facebook geschrieben hatten.
In Wirklichkeit sah das Auge Satans ein bisschen weniger gestylt aus als auf ihren Profilfotos, aber sie trug einen dünnen Strickpulli, durch den man die Rüschen ihres BH sehen konnte, ihre Titten waren sehr groß, und in ihren dünnen Röhrenjeans steckte ein Arsch, von dem ich heute noch träume. Heiß! Doch nach sechs Minuten flirten und plänkeln riss sie plötzlich bedeutsam die Augen auf und verkündete mit heiligem Ernst: »Pass auf, ich mache es kurz: Ich bin nicht normal.«
Ich: »Wie, was soll das heißen, du bist nicht normal?«

»Mir sind Dinge passiert in meinem Leben, die mich geprägt haben. Ich bin in eine spanisch-argentinische Gemeinde eingetreten, um mich zu schützen. Vor Satan. Und Satan ist Sex. Und du …«, dabei krallte sie ihre Finger in meinen Unterarm, » … du bist Versuchung.«
Von einer Minute zur nächsten verwandelte sich diese Frau, die eben noch Erotik pur ausgestrahlt hatte, in eine hysterische Hexe, so dass ich den Laden nur noch nach versteckten Kameras abgesucht habe. Die fasste sich an die Titten, kratzte an meinem Arm rum, atmete schwer und redete ohne Punkt und Komma: »Ich hatte von allem zu viel in meinem alten Leben, habe Drogen und Männer überkonsumiert, mein eigener Sohn hat mich mit der Stimme Satans angesprochen, seitdem ist Sex für mich tabu. Ich bin seit einem Jahr abstinent, aber dafür kann ich Dinge mit meinen Augen bewegen. Ich habe Kaffeetassen durch die Luft fliegen sehen, dabei haben mich meine Freundinnen gefilmt, aber du, du bist Versuchung. Und du riechst so gut. Und deine Haut ist so weich. Und du strahlst … Und jetzt musst du selbst wissen, ob du dich auf mich einlässt oder nicht.«
Ich weiß, das klingt wie Spinnerei, aber es ist wirklich so passiert. Ich stehe ja durchaus auf schräge Geschichten, aber das mit dem »einlassen« kam für mich in diesem Fall nicht in Frage. Ich habe die Frau noch am Bahnhof abgesetzt und ihr danach eine SMS geschrieben: »Als ich dich das erste Mal gesehen habe, dachte ich, ich müsste dich sofort aufs Klo zerren und dich vernaschen. Und wenn dir bei diesem Gedanken nach einem Jahr Abstinenz heiß werden sollte, wird dir das der gute alte Punk-

rocker da oben im Himmel schon verzeihen. Ich selbst kann dir einfach nur ein gutes Leben wünschen, hau rein!«

Darauf kam zurück: »Alles an mir riecht nach Versuchung. Nach dir ...«

An dem Abend flogen bei dem Mädel wahrscheinlich nicht nur die Kaffeetassen durch die Luft, sondern der ganze Küchenschrank. Für mich war das Ganze aber nur ein weiteres Beispiel dafür, wie gefährlich es ist, sich in eine Oberfläche zu vergucken, unter der sich endlose Abgründe auftun können. Labile Leute haben nach solchen Erlebnissen wahrscheinlich ein Trauma weg. Und wenn ihnen bei der nächsten Verabredung statt einem heißen Feger zwei Teenager gegenübersitzen, die sie wirklich nur verarschen und heimlich filmen, oder das dritte Mal statt Heidi Klum eine knitterige Oma durch die Tür kommt, dann trauen sie sich wahrscheinlich überhaupt nicht mehr unter Leute. Auch diese Gefahren birgt Fickbook – womit wir auch direkt zur nächsten Begegnung übergehen können.

FETT GELOGEN, ABER LIEB

Es gab die Frau, die sich niemals verabredete. Auf ihren Profilfotos war sie so eine Art Pamela Anderson von nebenan. Lange blonde Haare, gute Figur, aber im Gegensatz zum Original sehr natürlich und niedlich. Hinzu kam, dass sie unheimlich nett schrieb. An ihren cleveren Nachrichten merkte man, dass sie Geist hatte und kein Backfisch mehr sein konnte. Ich wollte ziemlich am Anfang unserer Kommunikation mal ihre Telefonnummer haben, woraufhin sie sehr entschieden antwortete, sie verabrede sich grundsätzlich nicht mit Facebook-Bekanntschaften, weil sie Online- und Privatexistenz trenne. Anstatt mich abzuschrecken, wurde sie für mich dadurch nur noch interessanter. Eine Frau, die Grips hatte, die das reale Leben der Online-Welt vorzog – so etwas war mir zwischen all den Dummschwätzern und Online-Ludern bisher nicht untergekommen. Darum bin ich drangeblieben.

Ein halbes Jahr lang haben wir uns schreibenderweise die Bälle zugespielt, mal häufiger, mal seltener, aber immerhin so regelmäßig, dass diese Frau zu einer festen Größe in meinem Leben wurde. Ich habe mich vom Kopf her auf sie eingelassen, habe ihre Nachrichten richtig vermisst, wenn längere Zeit nichts kam, und mich dabei ertappt, wie ich, der große Spötter des Virtualitätswahns, mich in ein Facebook-Profil verguckte. Man muss dazu sagen, dass sie mir auch Anlass dazu gab, denn ihr ging es offenbar ähnlich. Ihre Zuschriften wurden immer verbindlicher, und sie gestand mir, dass sie sich mit der Zeit öfter frage, wie sich meine gelegentlichen »Hahahas« wohl in Wirklichkeit anhören würden oder wie es wäre, wenn wir uns mal persönlich über den Weg laufen würden. Damit stand das Thema Treffen doch wieder im Raum. Aber ich blieb vorsichtig und überließ diesmal ihr die Initiative. Irgendwann kam:

»Willst du dich eigentlich wirklich mit mir treffen?«

»Ja, klar, weißt du doch.«

Daraufhin schrieb sie sehr direkt: »Ich bin aber nicht das, was du dir optisch von mir vorstellst.«
Ich: »Ja, was soll ich mir denn vorstellen? Mir ist schon klar, dass wir uns hier alle nur von unserer Schokoladenseite präsentieren. Und wenn du halb so nett bist wie deine Nachrichten und nur halb so hübsch wie auf deinen Fotos, sollte es ein netter Abend werden.«
Ich meinte das ernst. Ich war der Überzeugung: So wie diese Frau schrieb, musste sie eine tolle Person sein.
Wir verabredeten uns also. Abends. In einer Bar. Ein richtiges Date. Ausgemacht über Facebook und ohne dass wir zu diesem Zeitpunkt je miteinander telefoniert hatten. Hätte mir jemand ein halbes Jahr zuvor erzählt, dass ich so was einmal machen würde, hätte ich ihn ausgelacht und in den Arsch getreten, aber jetzt war es halt so. Und es war ja keineswegs das erste Mal, dass mir ein Experiment aus dem Ruder lief.
Na, gut, ich kam also in die Bar, die sie vorgeschlagen hatte, an den Tisch, den wir vorher über Facebook verabredet hatten, und ... nun ja, wie soll ich die Situation beschreiben? Vielleicht am besten so: Statt Pamela Anderson saß Tine Wittler vor mir. Es war ein Unterschied wie Tag und Nacht, wie Facebook und Realität auseinanderklafften. Aber trotzdem war klar, dass keine Verwechslung vorlag. Unter den Pausbäckchen konnte ich im Gesicht dieser Frau durchaus die Person von den Profilfotos erkennen. Dass mich das begeisterte, kann ich nicht behaupten, aber man musste ihr immerhin lassen, dass sie Wort gehalten hatte: Das war optisch tatsächlich etwas anderes, als ich mir vorgestellt hatte.

Wir redeten nicht lange um den heißen Brei herum. Und wir konnten uns auch im wahren Leben gut unterhalten. Sie vertraute mir an, dass ihr in den letzten Jahren viel Scheiße passiert war, dass sie Depressionen und Fressattacken hatte und dass sie deshalb von der Person in ihrem Profil zum Koloss geworden war. Als wir anfingen, uns zu schreiben, muss sie zwei Zentner gewogen haben, denn sie erzählte, dass sie seither fast die Hälfte ihres Gewichts abgespeckt habe. Diese Frau sehnte sich nach einer Beziehung, lebte aber in der Annahme, dass sich niemand mehr in sie verlieben würde. Sie nutzte ihr Facebook-Profil, um ihr gebrochenes Selbstbewusstsein zu stärken, indem sie durch ihre veralteten Profilfotos und ihre charmante Art zu schreiben Aufmerksamkeit und Interesse generierte. Dafür, dass sie mit ihrer festen Grundregel, sich nicht zu verabreden, gebrochen hatte, gab es zwei Gründe: Sie hatte sich in mich verguckt und sie wollte sich nach Monaten der Isolation selbst beweisen, dass sie trotz ihrer Komplexe fähig war, die Situation eines persönlichen Treffens zu meistern.

Es war vielleicht das seltsamste, aber gleichzeitig auch das rührendste Date, das ich jemals hatte. Irgendwie habe ich es genossen, mit dieser Frau am Tisch zu sitzen und Teil eines ersten Schritts aus dem Schatten ihrer Scheinexistenz zu sein. Denn genau das muss dieses Treffen für sie gewesen sein. Es war Abschied und Neuanfang zugleich. Nach diesem Abend hat sie mir nie wieder geschrieben. Aber mir ist seitdem klar, wie viel Verzweiflung hinter einem Lachen auf dem Profilfoto stecken kann.

BARCELONA

Und jetzt wird doch noch gefickt. Diese Geschichte begann mit einem harmlosen Facebook-Stupser von einer Frau, die hammergeile Profilfotos hatte. Sie war außerordentlich hübsch, sehr modeinteressiert und hat mich irgendwie total inspiriert. Ich stupste zunächst trotzdem nur routinemäßig zurück. Bald kam die erste Nachricht von ihr. Daraus entstand der erste Dialog und das erste Erstaunen darüber, dass das Mädel auch über ihre Optik hinaus etwas zu bieten hatte. Ich merkte, dass sie keine Schlampe war, ich merkte, dass sie clever war, ich mochte ihre Art zu flirten. Aber es war auch klar, dass uns unsere Wege nicht wirklich zusammenführen konnten, denn sie hatte ein einigermaßen geregeltes Leben in der Nähe von Rostock und steckte in einer Beziehung. Damit wurde sie für mich zur verbotenen Frucht, die ich gerne mal gepflückt hätte. Und aus ihren Nachrichten konnte man ablesen, dass sie gepflückt werden wollte. Wir wollten beide mehr. Wenn auch nicht für die Ewigkeit.
Nach ein paar Wochen waren wir an einem Punkt, an dem wir beide merkten, dass wir uns entweder noch tausend Jahre schreiben konnten oder einfach den Bann durchbrechen und uns treffen. Sie hatte die Idee, nach Berlin zu kommen und sich bei mir ein Tattoo stechen zu lassen, doch das wäre zu einfach gewesen. Für eine professionelle Ebene war mir diese Frau zu schade. Also habe ich ihr das vorgeschlagen, was schon seit Jahren meiner Vorstellung eines perfekten Blind Dates entsprach.

»Pass auf, du bist was Besonderes«, hab ich ihr geschrieben. »Aber offensichtlich leben wir zwei unvereinbare Leben. Lass uns also einen besonderen Moment schaffen. Wir verpassen uns ein Erlebnis, das wir für den Rest unseres Lebens nicht vergessen, und machen dann unseren Frieden mit der Situation.«

»Wie meinste das denn?«, kam zurück.

»Wir machen Folgendes: Ich schicke dir ein Flugticket von Hamburg nach Barcelona, kaufe mir selbst für den gleichen Tag eins von Berlin nach Barcelona, buche für uns zwei getrennte Zimmer in einem Hotel, und wir treffen uns abends in einem schicken Restaurant. Wir donnern uns beide auf, essen zusammen und gucken danach, was passiert. Es gibt keine Verpflichtungen und keine Zukunftspläne. Wir sind zwei Fremde, die sich das erste und einzige Mal in ihrem Leben begegnen. Aber wenn zwischen uns ein Spirit entsteht, dann machen wir uns eine tolle Nacht.«

Sie hat ein bisschen rumgekichert, dachte erst, ich würde Witze machen, aber sie sagte nicht nein.

»Ist das ein Ja?«, habe ich gefragt. »Du brauchst nur ja zu sagen, und wir ziehen das durch.«

»Jaaaaaaa!«, lautete die Antwort.

Der Rest waren drei Wochen spannungsgeladener Stille. Nachdem ich ihr das Flugticket geschickt hatte, kommunizierten wir nicht mehr viel miteinander. Eigentlich glaubte keiner von uns beiden wirklich daran, dass der andere kommen würde, aber es hat tatsächlich alles geklappt. Ich saß in diesem Restaurant, und es kam ein wunderschönes Wesen in einem engen schwarzen, geschlitzten Kleid auf mich zu, setzte sich an meinen Tisch und musste erst mal anfangen zu lachen. Ich auch. Keiner von uns beiden wusste so richtig, was er da gerade tut. Wir waren wie kleine Kinder, die von der Situation überfordert sind.

Irgendwann meinte sie: »Dass ich mal in ein Flugzeug steige, ohne zu wissen, was mich erwartet, hätte ich mir auch nicht träumen lassen. Da könnte ja auch ein Perverser kommen, der mir die Nieren rausschneiden will.«

»Aber wir müssen uns später wenigstens nicht den Vorwurf machen, dass wir einer schönen Fantasie, die vielleicht fürs ganze Leben bleibt, keine Chance gegeben hätten.«

Damit war eigentlich alles gesagt. Wir haben nicht mehr viel geredet beim Essen, nur immer wieder Blicke getauscht. Auf dem Zimmer ging das so weiter. Wir hatten tollen Sex. Ohne Tabus und ohne darüber reden zu müssen, was wir machen und machen wollen. Alles passierte einfach. Als ich am nächsten Tag im Flugzeug nach Hause saß, fragte ich mich, ob das eigentlich wir selbst oder unsere Facebook-Alter-Egos waren, die da miteinander gevögelt hatten. Vermutlich war es eine Mischung aus beidem. Im Idealfall unterscheiden sich Facebook und die Realität ja auch gar nicht voneinander. Und ein Idealfall war dieses Erlebnis, das mit einem Stups begann, zweifellos.

// Bekloppten-Weisheit Nummer 26:
Stups! Hihi! Rotwerd! I like! //

DAS LUFT-TAXI

In meinen Kreisen ist es ein beliebter Partygag, Fallschirmsprünge zu verschenken. Damit amüsieren sich vor allem die Schenkenden wie die Könige, weil sie einerseits das Gefühl haben, eine originelle Idee gehabt zu haben, und andererseits die Coolness des Beschenkten herausfordern. Es ist also kein Wunder, dass die meisten Beschenkten erst mal mit einem »Geil, wollte ich schon immer mal machen!« reagieren, die Einlösung des Gutscheins dann aber so lange vor sich herschieben, bis er endlich verfallen ist. So war das zumindest bei mir. Allerdings sollte mich das Projekt Fallschirmsprung bei einem USA-Urlaub schließlich doch wieder einholen.

Candice, eine bunttätowierte Bekannte mit pinken Rastazöpfen, ist Fallschirmlehrerin. Sie hüpft jedes Wochenende über der Wüste von Nevada mehrere Male hintereinander aus einem Flugzeug. Für sie ist das gleichzeitig Beruf und Hobby. Sie hat dafür sogar eine hoffnungsvolle Managerkarriere sausen lassen. Irgendwann bot sie mir an, ich könne doch mal mitkommen und einen Tandemsprung machen. Ein großkotziges »Ja klar, mache ich« war die Antwort. Dass meine Zusage in diesem Moment allerdings sehr viel verbindlicher war als bei der Entgegennahme eines Gutscheins, wurde mir erst vollends bewusst, als ich am nächsten Tag in einem Jeep saß, der mich endlose drei Stunden durch die Wüste Nevadas zu einem kleinen, man könnte auch sagen winzigen Flugplatz kutschierte, auf dem eine Truppe aufgekratzter

Freaks damit beschäftigt war, Fallschirme für den nächsten Sprung zusammenzufalten. Ich habe bei denen erst noch ein bisschen auf coolen Checker gemacht. Als sie mir allerdings einen Fragebogen vorlegten, auf dem ich sämtliche Ansprüche auf die Unversehrtheit meines Körpers abtreten sollte, wurde mir zunehmend mulmiger zumute. Ich musste die Verantwortung für meinen möglichen Tod übernehmen und durfte obendrein schon mal ankreuzen, ob ich damit einverstanden wäre, dass die Firma anschließend meine Organe spendet. Von mir aus, sollten sie doch machen, diese kranken Spinner. Ich habe mechanisch »Ja«, »Ja«, »Ja« angekreuzt, um anschließend in einen Raum geführt zu werden, in dem ich den gesamten Inhalt des Fragebogens noch mal laut und deutlich vor einer laufenden Videokamera verlesen durfte. Danach war meine Aufnahmefähigkeit eigentlich erschöpft, aber Candice zog mich unerbittlich in den nächsten Raum, wo mir auf einem Fernseher Instruktionen für den Sprung vermittelt wurden, von denen ich maximal die Hälfte mitkriegte. Dann bekam ich einen blauen Anzug an, meinen Fallschirm auf den Rücken geschnallt, es gab weitere Instruktionen von meinem Tandempartner, und schließlich marschierte ich als Letzter in einer Schlange von zwanzig Leuten auf ein Flugzeug zu, das dank liebevoller Bemalung aussah wie ein Haifisch, der mit offenem Maul auf seine Beute zu schwimmt. Leute, ich kann euch sagen: Ich fühlte mich wie auf dem Weg zu meiner eigenen Hinrichtung. Zumal nebenbei die ganze Zeit Witze über mich gerissen wurden. »Hehehe, noch nie gesprungen?«, »Hahaha, die meisten kommen beim

ersten Mal gar nicht bei Bewusstsein am Boden an«, »Hohoho, vor allem scheißen sie sich in der Regel ein«.
In mein Hirn drangen diese Frotzeleien zugegebenermaßen nur ansatzweise vor, weil mich die ganze Zeit eigentlich nur eine Frage beschäftigte: Wer sagt mir, dass diese aufgedrehten Idioten meinen Fallschirm vernünftig gepackt haben?
Um die Frage jetzt noch zu stellen, war das ohrenbetäubende Röhren des Flugzeugs aber zu laut, und außerdem war es jetzt einfach mal zu spät. Es war für alles zu spät. Also ließ ich alles über mich ergehen, während der Pilot mit seinen Jeans und seiner Coladose am Schaltbrett den Knüppel hochzog, die Maschine in einem atemberaubenden Winkel aufsteigen ließ und dabei bewusst jedes Luftloch mitnahm. Mein Gesicht muss aschfahl gewesen sein, als wir unsere knapp 4000 Meter Flughöhe erreicht hatten, doch mein Tandempartner nickte mir die ganze Zeit aufmunternd zu, und als sich die Luke öffnete, brach im Flugzeug kollektiver Jubel los. Hurra, wimmerte ich innerlich mit, mein letztes Stündlein hat geschlagen! Gleichzeitig sprangen die Freaks einer nach dem anderen mit Purzelbäumen und penetrant guter Laune in das Nichts unter ihnen, als wären sie kleine Kinder, die vom Beckenrand in einen Pool hüpften. Einer hatte sogar eine Katze dabei. Ich glaube, selbst die hatte gute Laune. Der Einzige, der keine gute Laune hatte, war ich. Daran änderte sich auch nichts, als schließlich nur noch mein Tandempartner und ich übrig waren. Der Kerl war wie ein Rucksack auf meinem Rücken festgeschnallt und schubste mich gnadenlos auf die Öffnung zu, bis ich kei-

ne Wahl mehr hatte, als meine Beine über den Lukenrand zu schieben. Da hing ich, klammerte mich krampfhaft an der Türöffnung fest und sah in einen endlosen Abgrund, dessen Talsohle die Wüste Nevada war. Plötzlich wurde mein Kopf von einer starken Hand nach hinten gerissen, und ich sah in das Gesicht meines Partners.

»Kämpf nicht mit mir!«, brüllte er mich an. »Ich bin deine Taxe und ich bringe dich sicher nach unten.« Er zeigte mir die Haken, durch die wir miteinander verbunden waren, nickte noch mal aufmunternd und wiederholte: »Fallen lassen! Nicht kämpfen! Ich bin deine Taxe.«

Schlagartig schoss mir wieder die Frage durch den Kopf, ob der Fallschirm ordentlich gepackt war. Bevor mich der Gedanke wahnsinnig machte, wollte ich ihn noch schnell loswerden und brüllte: »Aber ist der Fallschirm auch richtig ge…«

Ich bekam einen Schubs.

»…pa-pa-pa-pa-pa-pa-paaaaaaaaaaaaaahhh…?«

Die Frage mündete in einen riesigen Schrei, der sich irgendwo zwischen Himmel und Erde entlud, aber prompt dadurch erstickt wurde, dass ich eine volle Ladung Wind schluckte. Wir rasten in einem Tempo von 220 Stundenkilometern auf die Erde zu. Mein »Taxifahrer« riss ständig meinen Kopf zurück, um mich mit meinen schlackernden, sabbernden Wangen und meiner triefenden Nase zu filmen. Wir fielen und fielen und fielen, ohne dass ich auch nur einen Gedanken an das Öffnen des Fallschirms verschwendete. Es war endgeil. Und ich fühlte mich auf einmal total sicher. Keine Spur von dem Bewusstsein, dass ich in Gefahr sein könnte oder dass ich etwas tun müsste. Ich war nur noch ein einziges großes Bündel Adrenalin. Plötzlich riss mein Tandempartner meine rechte Hand hoch und machte mir klar, dass ich einen Hebel an seiner Hüfte ziehen sollte. Ich hab's willenlos getan und offenbar erst mal den falschen erwischt. Zumindest bekam ich eins auf die Griffel und musste ein zweites Mal ziehen. Diesmal erwischte ich offenbar die richtige Stelle, denn auf einmal wurden wir nach oben gerissen, als hätten wir uns im freien Fall mit den Hemdsärmeln an den Ästen eines Baums aufgehängt. Das war eine Vollbremsung bei Tempo 200, nach der die restlichen fünf Minuten des Fluges wie in Zeitlupe an mir vorbeizogen. Der Hammer. Fallschirmspringen ist besser als Geficke, Drogen und Tätowieren gleichzeitig. Es ist Lottogewinn und Silvesterparty in einem. Die mangels Übung unvermeidliche Bruchlandung auf meinem Arsch und die daraus resultierenden blauen Flecken ertranken in einem Endorphinschub, der mich noch Stunden später wie auf Wolken gehen ließ. So ein Fallschirmsprung befreit das Hirn so gründlich, wie es kein Schnaps der Welt hinbekommen kann. Unsere dreistündige Rückfahrt in die Stadt kam mir vor wie eine Viertelstunde. Meine Sinne waren so hellwach, dass ich meinte, die Umrisse der vorbeirasenden Autos in Gedanken anhalten zu können. Allmählich verstand ich Candice. In ihrem Job als Managerin hatte sie sich nie frei gefühlt. Da war das Fallschirmspringen ein Ausgleich für die Büroarbeit gewesen. Irgendwann hatte das nicht mehr gereicht, und als sie die Chance bekam, auf dem Flugplatz zu arbeiten, zögerte sie keine Sekunde. Alle Bekannten waren damals dagegen und meinten, wie dumm es sei, eine sichere Existenz für eine fixe Idee aufzugeben. Inzwischen ist diese Braut seit acht Jahren Fallschirmlehrerin und kann sich kein anderes Leben mehr vorstellen. Eine krasse Entscheidung, die das beste Beispiel dafür ist, wie vermeintliche Dummheiten das Leben zum Positiven verändern können.

// Beknoppten-Weisheit Nummer 27:
Löst eure Gutscheine ein, ihr Idioten! //

WO IS'N HIER DAS KLO?

Früher bedeutete Badezimmer für mich: Zähne putzen, duschen, scheißen, und das war's. Dazu brauchte ich: Waschbecken, Dusche, Klo, Zahnbürste, Zahnpasta, Duschgel, Shampoo und Klopapier. Lang, lang ist's her. Heute findet man in meinem Bad einen kleinen elektrischen Rasierer für die Ohrhaare, Eau de Toilette, Augenabschwill-Creme, Deos, Lotions, Duschbäder verschiedener Duftsorten und so weiter. Ich habe allen Ernstes angefangen, in der Drogerie einen Korb zu brauchen, wenn ich einkaufen gehe. Wo ich früher nur mein Standardduschgel und meinen Standarddeoroller aus dem Regal gepflückt habe, probiere ich heute auch mal eine Creme aus, und wenn mir die Verpackung des schwarzen Duschgels

mit der Welle auf dem Etikett gefällt, wird es nicht mehr einfach gekauft, sondern erst mal auf seinen Duft geprüft. Was dann bedeutet, dass ich auch an den restlichen fünf Welle-Sorten schnuppern muss, um den Duft zu finden, der am besten zu mir und meinem Badezimmer passt. Im Gegensatz zu vielen Frauen (die aus Unentschlossenheit alle Sorten kaufen und die überflüssigen später an ihre Mütter verschenken) schaffe ich es in der Regel, mich für eine zu entscheiden. Ich habe mich aber auch schon dabei ertappt, zwei mitzunehmen, weil beide gut rochen.
Was ich damit sagen will: Ich stecke voll drin im Kosmetikwahn unserer Zeit. Wenn ich heutzutage also in ein Bad komme, dessen Ausstattung nicht über die eingangs genannten Grundutensilien hinausgeht, werde ich regelrecht misstrauisch. Dann muss der Besitzer entweder ein Querschläger oder ein Stinker sein. Die Unterscheidung zwischen diesen beiden Kategorien liest man dann in der Regel am Sauberkeitszustand des Klos ab. Diese Rückschlüsse lassen sich in jedem Bereich fortsetzen. Für mich sind Badezimmer deshalb die Ausweispapiere eines Menschen. Oder, um ein bekanntes Sprichwort abzuwandeln: Zeige mir dein Bad, und ich sage dir, wer du bist. Was in Bädern an Farben abgeht, an Handtüchern hängt und an Parfüms in der Ecke steht, sagt mehr über einen Menschen aus als jedes Wohnzimmer. Dort werden die Ideen in der Regel sowieso nur zusammengeklaut, oder es hängen überall die gleichen Ikea-Bilder an der Wand. Das Bad dagegen ist ein privater Raum, in dem sich das gesamte Körperbewusstsein eines Menschen widerspiegelt. Bei Frauen logischerweise noch mehr als bei Männern. Bei ihnen

findet man neben den sechs Duschgelsorten, die aus Unentschlossenheit gesammelt gekauft wurden, zusätzlich Haarpackungen, Kribbelduschbäder, Fußraspeln, Nagellack, Lockenwickler, Föhn, Spülung, Spangen, ... Es ist der Wahnsinn. Und je größer die Ausstattung, desto verrückter ist wahrscheinlich auch die Person, der sie gehört. Wenn man bei einem One-Night-Stand zum Beispiel in ein Bad kommt, in dem man neben einer überbordenden Ausstattung auch noch eine peinlichst genaue Ordnung vorfindet, so sollte man auf der Hut sein. Man hat es vermutlich nicht nur mit einer Person zu tun, die morgens stundenlang im Bad braucht, sondern auch mit einer, die den Schritt, einen Fremden in ihre Wohnung zu lassen, genau geplant hat und deshalb hohe Erwartung an die Begegnung stellt. Das sind dann oft die Frauen, die klammern.
Landet man umgekehrt bei einer Frau, bei der keine frischen Handtücher hängen und gebrauchte Schlüpper und Socken hinter der Tür liegen, ist sie entweder eine coole Sau oder sie ist einfach nur schlampig. Denn sie hat entweder nicht geplant, heute jemanden abzuschleppen, es aber trotzdem geschehen lassen. Oder es ist ihr egal, und sie räumt sowieso nie auf.
Ich stand einmal genau vor dieser Frage. In einer Disse hatte ich ein sexy Mädel kennengelernt. Wir verstanden uns auf Anhieb, und als sie mich zu sich nach Hause einlud, sind wir zu ihr gegangen und haben dort weitergesoffen. Da es für mich mittlerweile zum Hobby geworden war, in den Bädern der Leute zu lesen, verabschiedete ich mich zwischendurch vorsätzlich aufs Klo – um dort exakt das beschriebene Szenario vorzufinden:

schmutzige Socken über der Wanne, zwei benutzte Schlüpper hinter der Tür, Haare in der Wanne. Erotisch war das nicht, es sah auch nicht so aus, als ob ein One-Night-Stand geplant gewesen wäre, aber das änderte nichts daran, dass ich das Mädel sexy fand. Ich bin dann wieder raus und meinte scherzhaft: »Du hast ja überhaupt nicht aufgeräumt für mich.«

»Schlimm?«, kam von ihr zurück. »Ich denke, Kerle nehmen es mit der Ordnung nicht so genau.«

»Na, ein bisschen räum ich schon auf, bevor ich jemanden mit nach Hause nehme.«

»Ja, wenn du 'ne Frau wärst, hätte ich das vielleicht auch gemacht.«

»Mmh«, ich stutzte. »Bin ich aber nicht.«

»Na also.«

Ich verstand die Ansage zunächst nicht, aber am Ende stellte sich heraus, dass das Mädel lesbisch war und keinerlei sexuelles Interesse an mir hatte. Dadurch erledigte sich leider mein Plan zu vögeln, dafür war mein Weltbild wieder geradegerückt. Das soll jetzt nicht bedeuten, dass Lesben unordentliche Badezimmer hätten, sondern dass die meisten Leute vorher saubermachen, wenn sie vorhaben, jemanden abzuschleppen. Und zwar unabhängig vom Geschlecht. Jeder Mann, der eine Frau ein bisschen beeindrucken möchte und mehr von ihr will, als nur schnell hinterm Vorhang eine Nummer wegzurammeln, wird zumindest mal kurz durchwischen. Ich finde, das kann eine Frau auch erwarten. Im Gegenzug sollte sie nicht allzu pingelig sein, da Männer nun mal meist schlechte Badezimmerputzer sind.

Damit lässt sich auch erklären, dass in Beziehungen meist die Frau die Gestaltung des Bades übernimmt. Pärchenklos sind wie der Otto-Katalog. Sie gehören zu 80 Prozent den Frauen, der kleine Rest bleibt für ihre Typen. Wenn die ein Bild über die Wanne hängen, das sie nicht mit ihrer Freundin abgesprochen haben, können sie somit ziemlich sicher sein, dass es ein paar Tage später kommentarlos abgehängt und durch ein neues ersetzt wird.

Nannte ich gerade die Begriffe »Wanne« und »Freundin« in einem Satz? Äußerst leichtsinnig, denn dieses Wortdoppel führt unmittelbar zu einem besonders grauenhaften Bäderirrsinn: Sex in der Wanne. Frauen lieben ihn, Männer hassen ihn. Letztendlich ändern auch das aphrodisierendste Kräuterbad und die tausendste Kerze nichts daran, dass diese Praktik sowohl unpraktisch als auch unvorteilhaft ist. Es geht damit los, dass zwei Menschen in eine normale Wanne überhaupt nicht vernünftig reinpassen. Das ist immer mit Turnerei verbunden. Haben sich beide Beteiligten schließlich ins Wasser gequetscht, hocken sie unweigerlich breitbeinig voreinander und sehen, sobald der Schaum sich auflöst, direkt in den nackten Schritt des anderen. Ich kann mir nicht helfen, für mich hat es selbst ohne die optischen Verzerrungen des Wassers nichts mit der hohen Kunst der Erotik zu tun, wenn ich meiner Geliebten die ganze Zeit ungehindert auf die Pflaume starren kann. Was den Akt als solchen betrifft, mag er für Frauen das Romantischste auf der Welt sein, ein Mann hat bei der Wannennummer nur ein einziges Anliegen: Er will sie lebend hinter sich bringen. Bloß die Erektion halten! Bloß nicht ausrutschen! Bloß keinen Wadenkrampf kriegen! Das sind die Formeln purer Romantik. Und damit mache ich einen Schwenk zum Herzstück eines jeden Bades: dem Klo. Bis Anfang 30 war ich überzeugter Stehpinkler und hielt das Strullen aus dem Stand für die letzte große Männerbastion. Frauen konnten boxen, sie konnten Lkw fahren, im Flugzeug hatte ich sogar mal eine Pilotin erlebt, die über Lautsprecher die Fußballergebnisse durchgab. Aber pissen im Stehen? Nein, das konnten und können Frauen uns nicht nachmachen. Ich setze mich inzwischen trotzdem hin beim Pinkeln. Und zwar aus dem einfachen Grund, dass ich in meinem Tattoo-Laden immer wieder die Sauerei wegputzen musste, die Kerle hinterlassen hatten, die im Stehen pissten. Bei 20 oder mehr Stehpinklern pro Tag kommt ein ganz schönes Gespritze zusammen. Wenn man das saubermachen muss, denkt man irgendwann schon darüber nach, ob man auf dieses Privileg nicht verzichten kann. Ich konnte. Seitdem sitze ich, egal ob großes oder kleines Geschäft, und genieße, dass ich meine Ruhe habe. Es ist mir ein Rätsel, wie Frauen ständig zusammen aufs Klo rennen können, um zu quatschen. Oder dass sie zwar Stunden auf das Pflegen und Stylen ihrer Haare verwenden, mit dem Kacken aber meist schnell wie der Wind fertig sind. Bei manchen Weibern kommt es mir so vor, als würden sie sich schon auf dem Weg zum Klo in die Hand kacken und das Zeug schon von weitem in die Schüssel schmeißen, so schnell geht bei denen die Spülung. Auf öffentlichen Klos setzen sie sich ja häufig nicht mal hin. Sie gehen nur in die Hocke, ohne die Brille zu berühren, weil sie sich sonst ekeln.

Da umwickle ich doch lieber die Brille mit Klopapier. Hocken ist völlig unentspannt. Ich hab's ausprobiert. Sowohl vorsätzlich als auch unfreiwillig. Aber dazu komme ich gleich.

Wo wir nämlich gerade bei den öffentlichen Klos sind: Eine große Leidenschaft von mir sind Flughafentoiletten. Ich bin relativ viel unterwegs, also treibe ich mich regelmäßig dort herum. Anfangs gezwungenermaßen, inzwischen gehe ich gezielt hin, weil ich mir unheimlich gern den Zirkus angucke, der da abgeht. Von Rasieren über Schmuggelware von einem Gepäckstück ins andere umpacken bis hin zum Hemdwechsel, weil der Lippenstift vom letzten Seitensprung noch am Kragen leuchtet: Es gibt nichts, was es nicht gibt. Da alle hektisch sind und keinen angucken wollen, nehmen das die wenigsten wahr, aber wer sich mal ein bisschen Zeit zum Beobachten nimmt, kann sich auf Flughafenklos pausenlos totlachen. Da schießen die dicken Männer mit ihren Rollkoffern rein, stehen wie die Zappelphilippe in der Schlange vor den Pissoirs und können gar nicht erwarten, an die Reihe zu kommen. Wenn es aber so weit ist, geht erst mal das Rangieren und Schieben mit den Gepäckstücken los. Wenn man den Koffer unbeaufsichtigt in der Gegend rumstehen lässt, wird man mittlerweile ja schnell als potenzieller Bombenleger belangt, also kommt das gute Stück allen Widrigkeiten zum Trotz mit ans Pissoir. Dort muss es so plaziert werden, dass es keine Spritzer abbekommt, aus dem Blickfeld geraten soll es aber auch nicht. Auf diese Weise geht in einer profanen Bedürfnisanstalt ein Geschicklichkeitsmarathon über die Bühne, der be-

stimmt in jeder Spielshow zum Publikumsrenner werden könnte. Anschließend klemmen sich die Herren dann so dicht hinter die Schüssel, als wollten sie reinkriechen, damit der Nebenmann auch auf keinen Fall sehen kann, wie kurz ihr Puller ist. Auf Flughäfen lässt sich also bestens beobachten, dass der männliche Schwanzkomplex ein internationales Phänomen sein muss.
Aber es gibt ja noch das nächstschwierigere Level: die Klokabinenrunde. In den engen Kammern haben kräftigere Herren in der Regel ohnehin mit der Enge zu kämpfen. Wenn dann auch noch 25 Kilo Gepäck, ein Rucksack und im Winter ein dicker Mantel und ein Hut verstaut werden müssen, dauert das Arrangement gut und gerne mal zehn Minuten – in denen die Kerle natürlich immer fahriger werden, weil sie ja verdammt noch mal kacken müssen. In Los Angeles habe ich mal einen Typen beobachtet, der tanzte nach den ersten gescheiterten Versuchen, seinen Hartschalen-Riesen in die Kabine zu quetschen, förmlich über die Fliesen. Nachdem es partout nicht klappen wollte, riss er sich die Krawatte vom Hals, band sie am Griff des Koffers fest, legte sie unter der Klotür durch und stürmte in die Kabine. Kurz darauf spannte sich die Krawattenleine, im Innern hörte man einen Wahnsinnsfurz und ein befreites Schnauben, dann spannte sich die Krawatte noch stärker, der Koffer bekam Schlagseite, kippte wie in Zeitlupe gegen die Klotür und rutschte zu Boden. In dieser Kabine müssen unglaubliche Kräfte am Werke gewesen sein. Ist ja auch logisch. Da sitzen die Leute teilweise zehn, zwölf Stunden im Flugzeug und hauen sich Cola und Wein und Essen mit mas-

senweise Konservierungsstoffen rein. Dann merken sie im Landeanflug, dass sie kacken müssen, aber dürfen nicht. Dann braucht das Flugzeug, bis es am Gate steht, eine halbe Stunde, in der weiter gekniffen wird. Raus aus der Maschine, Passkontrolle, Gepäck holen und dann endlich aufs Klo. Unter solchen Voraussetzungen ist doch klar, dass sich die Anspannung in einem triumphalen Befreiungsfurz in die Schüssel entlädt. Und da es nicht nur einem, sondern Hunderten von Leuten so ergeht, ist die Geräuschkulisse auf Flughafenklos entsprechend. Ich habe sogar schon überlegt, das Ganze mit einem Aufnahmegerät mitzuschneiden und den Flughafenfurzern eine eigene Myspace-Seite zu widmen. Man könnte die Aufnahmen auch für eine dritte Disziplin in der Toiletten-Spielshow verwenden: Welcher Furz gehört zu welchem Typen? Auch das wäre großes Kino. Ich mache mir inzwischen teilweise einen Witz daraus, hinter der Tür zu warten und mir die Leute anzugucken, die eben noch mit dem Arsch Trompete gespielt haben. Ich sage euch: Meist sind es die Kleinsten und Dünnsten, die die krassesten Geräusche von sich geben. Achtet bei eurer nächsten Flughafensitzung mal drauf.

Bevor mir jetzt aber vorgeworfen wird, dass ich mich selbst zu sehr raushalte aus der ganzen Scheißthematik, will ich ein weiteres Klophänomen mit einer persönlichen Geschichte verbinden: das Dixi-Mobilklo. Es gibt die Dinger mittlerweile ja in den verschiedensten Ausführungen. Von der rudimentären blauen Scheißbox, die jeder kennt, bis hin zum High-Class-Dixi, das sich selbst reinigt. Meine Geschichte handelt logischerweise von der Billigvariante. Ich habe mal bei einem Open-Air-Festival Security gemacht. Die Veranstaltung dauerte drei Tage, tagsüber gab's Familienprogramm, abends mussten meine Kollegen und ich bei Konzerten kollabierende Mädchen aus der Menge ziehen. Gegessen habe ich schlecht und unregelmäßig an der Bratwurstbude, geschlafen kurz und unruhig im Hotel, und nach Feierabend wurde natürlich ordentlich gesoffen. Lange Rede, kurzer Sinn: Ich erwachte am Sonntagmorgen mit Nachdurst und Magenschmerzen. Ich hatte allerdings nicht viel Zeit, mich darum zu kümmern, weil wir mittags schon wieder abgeholt und zum Veranstaltungsort gebracht wurden. Es kam, wie es kommen musste: In dem Moment, als ich aus dem Bus stieg und meinen Fuß auf das Festivalgelände setzte, merkte ich: Verdammt, du musst scheißen. Gleichzeitig blickte ich auf eine Phalanx aus vierzig Dixi-Klos, die seit dem Vorabend noch nicht geleert worden waren und in der prallen Mittagssonne vor sich hin dünsteten. Im Morgengrauen hatte ich mich noch über die Reihe amüsiert, weil bei unserer Abfahrt zwischen all den ruhig dastehenden Dixis eins vor sich hinwackelte, in dem irgendeiner seine Alte kachelte. Jetzt war mir aber gar nicht mehr zum Lachen zumute. Ich kann den Widerwillen kaum in Worte fassen, der mich beim Gedanken ergriff, in einer dieser Plastikboxen kacken zu gehen, doch ich hatte keine Wahl. Also rein da, Luft anhalten, über die Schüssel hocken, ohne den Rand zu berühren und laufen lassen. Das klingt einfach, aber es war der Horror. Ich hatte mittlerweile Magenkrämpfe und Dünnpfiff allererster Klasse. Jeder, der es schon mal erlebt hat, weiß: Es gibt nichts Schlimmeres, als auf einem Dixi-Klo, auf das die Sonne knallt, die Scheißerei zu haben. In dem Ding herrschten mindestens fünfzig Grad, es stank erbärmlich und meine Oberschenkel schmerzten von der Hockerei. Zu allem Überfluss bemerkte ich auch noch zu spät, dass das Klopapier alle war. Ich hätte heulen können. Aber mir liefen ja ohnehin endlose Schweißbäche übers Gesicht, also sparte ich mir die Tränenflüssigkeit und riss stattdessen die Ärmel von meinem T-Shirt ab – als Klopapier. Dann fing ich an mich auszuziehen. Ich konnte einfach nicht mehr. Ich riss mir sämtliche Klamotten runter, öffnete die Tür und schmiss das Zeug aufs Festivalgelände. Glücklicherweise begannen die Konzerte ja erst abends, und außer meinen Kollegen war noch niemand da. Dachte ich zumindest. Als ich nach zehn Minuten allerdings endlich fertig geschissen hatte und nackend aus diesem verfluchten Dixi an die frische Luft stürzte, war das Erste, was an mein Ohr drang, Kindergeschrei. Mein Blick wanderte nach links, und vor mir erhob sich die riesige Hüpfburg vom Familienfest, vor der eine Meute kleiner Knirpse stand und mit den Fingern auf mich zeigte. So wurde ich an diesem Tag zur wahrscheinlich kuriosesten Attraktion des Kinderprogramms und das Dixi in der Sommerhitze zum immerwährenden Alptraum meiner Scheißhausbiografie. Und nun entschuldigt mich bitte. Ich muss mal kacken.

// Bekloppten-Weisheit Nummer 28:
Der Spiegel der Seele hängt im Badezimmer! //

DIE GEFÄHRLICHSTEN SCHNÄPSE 3: SHŌCHŪ IN TOKIO

Japan ist ein krasses Land. Ich habe noch keinen Ort auf der Welt erlebt, wo es so sauber, so diszipliniert und so ehrfürchtig zugeht wie in Tokio. Gesoffen wird aber auch dort. Entweder Sake, das warme Reisweingesöff, das man auch bei uns in jeder Sushi-Bar bekommt, oder (für die hochprozentigeren Kaliber) »der japanische Wodka« Shōchū. Ich durfte beides probieren. Oder sollte ich besser sagen: »musste«?

Es gab zwei Gründe für meine Reise nach Japan: Zum einen sollte ich dort eine Reisereportage fürs Frühstücksfernsehen drehen, zum andern wollte ich etwas über die japanische Tattoo-Kultur erfahren. Für beide Belange war es hilfreich, dass ich über einen Bekannten Kontakt zu Mister K. bekam. Mister K. ist ein hohes Tier in der Yakuza, der japanischen Mafia, die im Land bis in die hohe Politik Einfluss nimmt und ein ziemlich brutaler Haufen ist. Ich führte mir nicht wirklich vor Augen, was das bedeutete, bevor ich in Tokio landete. Irgendwie war Japan für mich auch immer noch so ein bisschen Legoland, dem ich wirkliche Gefahren gar nicht zutraute. Erst als ich mit meinen Leuten aus dem Flughafen kam und von einer Zehn-Mann-Truppe schwarz gekleideter Herren mit Handschuhen und Sonnenbrillen, die alle kein Wort Englisch sprachen, in Empfang genommen wurde, ahnte ich, wie seltsam dieser Aufenthalt werden könnte.

Und tatsächlich wurde es ein Abenteuer. An allen Orten war erkennbar, wie viel Macht die Yakuza hat und in was für einer unerbittlichen Hackordnung sie funktioniert. Mister K. begegnete mir als honoriger älterer Herr, vor dem alle, auch ich, sich permanent verneigen mussten. Das führte dazu, dass ich nach zwei Tagen, sogar wenn wir telefonierten, einen Verneigereflex verspürte. Abgesehen davon, war Mister K. ein vollendeter Gastgeber, und da er Englisch sprach, konnte er mir in viele Bereiche seines Machtapparats Einblick gewähren. Als er hörte, dass ich mich für die Yakuza-Tattoos interessierte, ließ er sofort seine Krieger antanzen. Das waren Typen mit riesigen Knarren in den Taschen und teilweise furchteinflößenden Gesichtern, aber sobald Mister K. mit dem Finger schnipste, ließen sie wie die Zinnsoldaten die Hüllen für ihn fallen und präsentierten ihre Tattoos. In diesem Moment begriff ich auch, warum die Jungs bei unserer Ankunft Handschuhe getragen hatten. Bis vor zehn Jahren war es in Japan streng verboten, Tätowierungen in der Öffentlichkeit zu zeigen. Mittlerweile tun es jüngere Leute immer öfter, aber die Yakuza halten sich bis heute an die alten Regeln. Wenn sie sich in der Öffentlichkeit zeigen, tragen sie Rollkragenpullis und Handschuhe, weil viele von ihnen vom Hals bis zu den Fingerspitzen volltätowiert sind. Harte Burschen. Einer von ihnen hatte in seinem Leben nur drei Tattoo-Projekte gehabt. Jedes davon dauerte drei Jahre, in denen er sich täglich drei Stunden mit einem Tabori-Stab bearbeiten ließ. Das ist eine wahnsinnig schmerzhafte Methode, bei der mehrere Nadeln zu einer Klinge zusam-

mengebunden werden. Ich hab's selbst probiert und dachte, ich sterbe.
Die nächste Überraschung von Mister K. war ein Ausflug in den Wald. Der Mann hatte das eigenwillige Hobby, in seiner Freizeit Jeeps zu Schrott zu fahren, und lud mich ein, dabei neben ihm zu sitzen. Ich hätte überhaupt nicht gewagt, das Angebot auszuschlagen. So düsten wir kurz darauf in einem Affentempo über unwegsames Gelände, bis sich der Wagen überschlug und ich mit einem blutenden Ohr und einem gebrochenen Finger ins Krankenhaus musste. Der Meister selbst war natürlich unverletzt geblieben.
Nachdem meine Behandlung allen Kommunikationsproblemen zum Trotz erfolgreich verlaufen war, machte Mister K. mir das nächste Angebot. Ich sollte ihn zu einer Zeremonie begleiten, bei der einer seiner Leute sich den Finger abhacken musste. Ich gucke mir einiges an, aber in diesem Fall lehnte ich dankend ab. Gleichzeitig war mir aber auch klar, dass ich, egal was als Nächstes kommen würde, in jedem Fall zusagen musste. Und wenn es eine dreijährige Sitzung mit einem Tabori-Stab war. Alles andere wäre ein Affront gewesen.
»Nun gut, mein Freund, dann schneiden wir den Finger eben ohne dich ab«, scherzte Mister K. auf Englisch, »aber es wäre mir eine Freude, mit dir zu Abend zu essen.«
Abendessen ... Abendessen? Das war alles? Puh, da hatte ich aber Schwein gehabt. Wir verabredeten uns für den Abend in einem kleinen Restaurant und gingen auseinander. Nicht ohne vorher eine lange, lange Verbeugung vollführt zu haben, versteht sich.

Mein Kumpel Alex und ich verbrachten die Zeit bis zum Essen mit kleinen Experimenten. Auf einer sternförmigen Kreuzung mit sechs Ampeln, an denen jeweils hundert Menschen warteten, bei Grün auf die Mitte zueilten und sich wie in einer Waschmaschinenschleuder vermischten, um sich dann in unterschiedliche Richtungen wieder zu entfernen, fiel uns auf, dass sich die Japaner bei allem Gewimmel nie zu berühren schienen. Wir machten einen Test. Bei der nächsten Grünphase marschierten wir stur wie Roboter einfach nur geradeaus. Ohne auszuweichen, ohne Rücksicht zu nehmen, ohne links und rechts zu gucken. Mit dem Ergebnis, dass wir trotzdem nicht mal gestreift wurden. Es war der Wahnsinn. Danach haben wir zwei tätowierten Volldeppen ausprobiert, in ein öffentliches Freibad reinzukommen. Keine Chance. Sobald uns der Manager sah, flitzte er herbei, um uns so diplomatisch wie möglich verständlich zu machen, dass wir mit unseren Tattoos nicht in seinen Pool kämen. Genau das hatten wir erwartet. Trotzdem krass. Wir verbeugten uns und gingen ins Hotel, um uns für das Abendessen mit Mister K. umzuziehen.
Zwei Stunden später war es so weit: Ich saß im Schneidersitz auf einem Bodenkissen Mister Kill-mich-gleich und seiner Frau gegenüber und guckte zu, wie er seine Lieblingsspeisen auftafeln ließ. Sie waren alle Delikatessen, sie waren alle frisch zubereitet, sie waren alle ekelhaft. Es wäre ja auch ein Wunder gewesen, wenn dieses Abendessen harmlos verlaufen wäre. Es gab rohe Tintenfischtentakel, die brackig und glibbrig schmeckten, getrocknete Fische inklusive Auge, die völlig bizarr ge-

würzt waren, Schlangenhäute, die beim Abbeißen knusperten, sobald sie aber mit Feuchtigkeit in Verbindung kamen, eine zähe gummiartige Konsistenz entwickelten, so dass ich sie kaum runterschlucken konnte. Vor allem aber gab es Sake. Heißen Sake mit Milch, der mit einer Kelle aus einer großen Schüssel in unsere Becher geschüttet und permanent nachgeschenkt wurde. Da ich direkt im Visier von Mister K. saß, wagte ich nicht, auch nur eine Speise aus seiner reichlichen Auswahl unprobiert zu lassen. Diese Pflicht artete sehr bald zu einer Überwindungsleistung sondergleichen aus. Alles war furchtbar versalzen, es wurde ständig nachgelegt und der Schärfegrad erhöhte sich im Laufe des Abends stetig. Das hatte zur Folge, dass ich mir einen Becher Sake nach dem anderen reindröhnte. Das Zeug war zwar warm und erfrischte null, aber es löschte die gröbsten Schärfen ab. Und es machte in Windeseile hackebreit. Nach einer Stunde saß ich schwankend und schwitzend vor meinem Gastgeber, stopfte willenlos seine Lieblingsspeisen in mich rein, deren Qualität er persönlich mit einem »Good, good« goutierte, und soff unweigerlich weiter Sake. Es gab nichts anderes, und ohne Flüssigkeit hätte ich das Essen beim besten Willen nicht runtergekriegt.

Irgendwann fragte ich, um mir eine kleine Pause zu verschaffen: »Was muss ich denn eigentlich verbrochen haben, damit ich mir einen Finger abschneiden muss?«

Mister K. lachte wie der Weihnachtsmann und antwortete: »Du bist in Ordnung, ich mag dich.« Damit hielt er mir den Teller mit den Schlangenhäuten hin. Scheiß drauf, ich nahm noch eine und hörte mir tapfer kauend den Rest des Satzes an. »Aber wenn ich jemanden nicht mag, dann schneidet der sich seinen Finger sogar wegen Kleinigkeiten ab.«

Ob vor ihm in die Schüssel kotzen eine Kleinigkeit war? Ich befürchtete nein und nahm den nächsten verzweifelten Schluck Sake. Plätscher. Schon war der Becher wieder voll. Meine Herren, war ich besoffen. Konnte ich hier nicht irgendwie rauskommen? Und war das eigentlich eine Waffe, die Mister K. im Hosenbund stecken hatte? Ein hoffnungsloser Dauerlauf von Augenblick zu Augenblick begann. Ich schwitzte, ich litt, ich kämpfte, nur um im nächsten Moment schon wieder »Good, good« zu hören und die nächste Delikatesse unter die Nase gehalten zu bekommen.

Um das Ganze abzukürzen: Als das Essen endlich abgeräumt wurde, war ich sternhagelblitzehackebreit, hatte meine Motorik nicht mehr unter Kontrolle und musste mir neben dem Schweiß inzwischen auch die Tränen aus dem Gesicht wischen, die mir die letzten »Spicy«-Köstlichkeiten in die Augen getrieben hatten. Aber es war ja fast vorbei. Wenn ich es jetzt noch schaffen würde, aus dem Schneidersitz wieder hochzukommen und den Weg in mein Hotelzimmer zu bewältigen, würde alles gut werden. Da beugte Mister K. sich zu mir rüber und meinte: »Zum Abschied trinken wir nun noch einen Shōchū, mein Freund. Japanische Spezialität. Wer Shōchū trinkt, der lebt länger.«

Ich versuchte es mit einem »Ich glaube, ich verzichte lieber«, aber Mister K. schüttelte den Kopf.

»Nein, mein Freund, Shōchū ist Pflicht, alles andere bedeutet Unglück.«
Ich sah seine Waffe blitzen. Ich nickte. Ich trank diesen Schnaps. Ich weiß nicht mehr, wie ich ins Hotel gekommen bin.

// Bekloppten-Weisheit Nummer 29:
Wer Shōchū trinkt, der schläft schneller. //

WELTREKORD IN SCHERBEN

Ein großer Protagonist der internen Meisterschaft der Bekloppten ist Norman. Norman kommt aus der Rock-'n'-Roll-Szene, ist Ende dreißig, und man könnte ihn als eine Art in die Jahre gekommenen James Dean beschreiben. Ich kannte ihn in erster Linie aus der Kneipe unter meinem Laden, wo er vor allem durch seine bemerkenswerte Trinkfestigkeit auffiel. Eines Abends lud er mich zu meinem Erstaunen ein, ich solle doch am Wochenende zu seinem Weltrekordversuch kommen.
»Was denn für ein Weltrekord?«, fragte ich. »Willst du in einer Stunde zehn Kästen Bier alleine aussaufen?«
»Quatsch nicht rum, Krause. Nein, ich bin Fakir«, meinte er mit größter Selbstverständlichkeit. Ich hörte das zum ersten Mal, war aber schlagartig hellwach. »Mein Rekord ist

folgender: Ich lege mich nackt in einen Scherbenhaufen und bekomme eine Holzplatte über den Bauch. Auf diese Holzplatte steigen zwölf Menschen drauf, vielleicht auch ein paar mehr. Hauptsache, sie bringen insgesamt ein Gewicht von mindestens 1111 Kilo auf die Waage. Das muss ich ein paar Minuten aushalten, fertig ist der Weltrekord.«
So viel zu Rekorden, die kein Mensch braucht. Aber angucken wollte ich mir das Spektakel natürlich schon. Die Aktion sollte am Samstagnachmittag vor einem Rockabilly-Festival stattfinden. Ich ging schon mittags hin. Im Hof wurden gerade fleißig Flaschen zerdeppert und zu einem Scherbenteppich zusammengekehrt. Norman selbst stand daneben, hatte schon einen halben Liter Wodka intus und forderte mich auf, mitzuscheppern und zu bezeugen, dass es sich um echte Scherben handelte und nicht um Filmglas. Es waren zweifellos echte Scherben. Nachdem ich mich davon überzeugt hatte, wurde Norman aktiv, holte eine Holzplatte, legte sich rücklings in den Scherbenhaufen, als wären sie eine Blumenwiese, und drapierte das Brett über sich. Zum Aufwärmen sollten sich nun sein Kumpel Viktor Violet und Little Rose auf dem Brett plazieren. Little Rose, das war Viktors Motorrad. Er war Motorradschrauber und schien eine sehr innige Bindung zu diesem Fahrzeug zu haben. Zumindest hatte ich schon, als er sie auf die Planke schob, das Gefühl, dass die Unversehrtheit von Little Rose ihm sehr viel mehr am Herzen lag als die von Norman, der unter ihm in den Scherben zu schlafen schien. Schließlich standen die beiden (der Mann und sein Motorrad) auf dem Brett, und ich fing an, Fotos zu machen. Dabei for-

derte mich Viktor Violet auf, Little Rose gefälligst nur von ihrer Schokoladenseite zu fotografieren. Ich habe intuitiv von hinten fotografiert, weil ich bei Mädels ja auch als erstes auf den Hintern gucke, doch das war ein Trugschluss. Viktor Violet motzte nach ein paar Fotos: »Little Rose hat ihre Schokoladenseite links, du Spinner.«
Ich wechselte also die Position, und um die Stimmung ein bisschen zu lockern, fragte ich, wie Little Rose denn zu ihrem Namen gekommen sei. Ein großer Fehler. Viktor Violet kam eine Viertelstunde nicht mehr aus dem Erzählen heraus. Er hatte dieses Motorrad vor 23 Jahren einem alten Rock-'n'-Roll-Musiker abgekauft. Zu einem kleinen Preis (deswegen »Little«). Außerdem hatte er es zum Ritual erklärt, jedes Jahr zum Geburtstag des Motorrads den Tank mit einem neuen Rosen-Aufkleber zu verzieren (deswegen »Rose«). Das ist jetzt die stark verkürzte Fassung. Die Originalgeschichte hatte viel mit Ehre und Rock-'n'-Roll und Tradition und Rock-'n'-Roll und Ästhetik und Rock-'n'-Roll zu tun. Und mit Respekt und mit PS und mit Kurven und mit Schönheit … Ach ja, und mit Rock-'n'-Roll natürlich. Kurzum: Den Mann und sein Motorrad verband eine Rock-'n'-Roll-Liebesbeziehung der innigsten Form, was mich in einer kurzen Atempause dazu veranlasste, ihn zu fragen, wie es bei ihm denn mit Frauen aussehe.
»Ja, ja«, meinte er. »Alles senkrecht. Aber hast du eigentlich schon den Auspuff von Little Rose bewundert?«
Alles klar, der Auspuff. Verchromt war er halt. Aber wahrscheinlich steckte Herr Violet in intimen Stunden mit diesem Fahrzeug seinen Piepmatz dort hinein, mir fielen an dem Teil zumindest keine anderen Besonderheiten auf.

Mein Gehirn war ohnehin längst auf Durchzug geschaltet. Allerdings fiel mir plötzlich ein, dass unter der Last des schwergewichtigen Liebespaars immer noch der arme Norman in seinen Scherben ruhte. Ihm schien das nicht viel auszumachen, aber ich fand trotzdem, dass wir ihn erlösen sollten. Das taten wir, und Norman war bis auf ein paar Splitter, Druckstellen und ein paar kleine Wunden am Rücken tatsächlich unversehrt. Das fand ich abgefahren und spürte allmählich meine eigene bekloppte Neugier durchbrechen. Könnte ich vielleicht auch Fakir sein? Ich könnte es ja zumindest mal probieren.

Wenig später stand ich also barfuß in dem Hof, um nun meinerseits durch die Scherben zu latschen. Norman gab mir noch ein paar Tipps. Ganz langsam sollte ich gehen und mich bei jedem Schritt gut in die Scherben reinwühlen. Das tat ich, und abgesehen davon, dass ich ein bisschen aufgepasst habe, dass ich nicht auf die ganz großen Glasspitzen drauftrat, war es, ehrlich gesagt, ziemlich easy. Es knackte zwar bei jedem Schritt ein bisschen, aber Verletzungen oder fakirhaft erleuchtende Momente blieben aus. Der große Adrenalinkick, den ich mir erhofft hatte, leider auch.

»Dann bin ich jetzt wohl auch Fakir«, meinte ich anschließend zu Norman. Er reagierte ein bisschen stinkig und fand, ich solle nicht überheblich werden und das Ganze erst mal mit Nägeln und Flammen beherrschen. Und da in seiner Brust nicht nur ein Fakir-, sondern auch ein Machoherz schlug, wollte er mich prompt übertrumpfen, indem er sein Gesicht seitlich in die Scherben drückte und mich aufforderte, mich auf seinen Kopf zu stellen:

»Steig erst auf meinen Rücken und dann über die Schultern auf mein Gesicht. Nur nicht raufspringen, bitte.«
Wahrscheinlich wäre er auf ewig in seiner Ehre gekränkt gewesen, wenn ich die Herausforderung nicht angenommen hätte, darum folgte ich seinen Anweisungen und stand tatsächlich für zehn Sekunden, die mir wie Stunden vorkamen, auf seinem Kopf. Ich hörte ihn unter mir ächzen und die Scherben unter seinem Gesicht knacken, und schließlich war er doch noch da, der Adrenalinschub, den ich zuvor vermisst hatte. Man könnte auch sagen, ich bekam eine Schweineangst, dass ich diesem armen Mann mit meinem Gewicht gerade die rechte Gesichtshälfte zerschnitt. Ich bekam Gänsehaut, ich stellte mir vor, wie das spitze Glas in seine Haut schnitt, ich kämpfte mit dem Gleichgewicht, meine Füße juckten, und alles in mir schrie »Ich muss runter von diesem Typen!«
Als es vorbei war, war ich schweißgebadet und mein Puls raste. Doch Norman stemmte sich ungerührt hoch, wischte sich die Splitter aus dem Gesicht und sagte: »Wenn du das kannst, dann kannst du dich Fakir nennen. Haben wir uns verstanden?«
Wir hatten uns verstanden. Die Machoverhältnisse in der Runde waren wieder geradegerückt, und wir hatten uns alle eine Pause verdient.
Der Weltrekord am Abend war dann eine ziemliche Haudraufnummer. Ich kam an, und eine angetrunkene Rockabilly-Chica, die sich als Normans Freundin vorstellte, erklärte mir, dass der Meister gerade nicht ansprechbar sei, weil er sich in Trance befinde. Sie führte mich trotzdem zu ihm in den VIP-Bereich, den er sich mit der Psychobilly-

Band »Mad Sin« teilte, einem hässlichen Stripper, der sich gerade als Putzfrau verkleidete, und zwei Transen, die aussahen wie aufgeschnittene Geister und sich auf eine Show aus Geschrei und Gesabber vorbereiteten. Von unten im Hof hörte man das Gebrüll der besoffenen Partygäste, die schon ganz scharf darauf waren, zu Norman aufs Brett zu steigen ... Was sie eine Stunde später auch taten. Lachend und schreiend und torkelnd. Diese Meute brachte angesichts der Statur einiger Mitglieder vermutlich ein Vielfaches der angestrebten 1111 Kilo auf die Waage. Zudem fingen sie auf dem Brett an, sich darüber zu streiten, wer in der Mitte stehen durfte, so dass ich nach ein paar Minuten einen der Jungs am Arm packte und ihn darauf hinwies, dass Norman unter ihnen inzwischen keinen wirklich lebendigen Eindruck mehr machte. Da wurde ihnen wieder bewusst, dass sie ihre Streiterei auf der Brust eines auf Scherben gebetteten menschlichen Wesens austrugen und sie sahen zu, dass sie festen Boden unter die Füße kriegten. Wenig später hatte Norman schon wieder ein Glas Wodka in der Hand und stieß mit mir auf seinen Weltrekord an. Ob man davon in Zukunft im Guinness-Buch lesen wird? Aber wer braucht schon das Guinness-Buch der Rekorde, wenn er auch »Lebe bekloppt, aber geil« lesen kann. Prost drauf!

// Beknoppten-Weisheit Nummer 30:
Lieber Splitter im Fuß als Rosen auf dem Tank! //

HEIRATSANTRAG ODER SO'N SCHEISS

Eine der krassesten Dummheiten, die viele begehen, ist das Heiraten. Für mich sind Hochzeiten eigentlich überholt, überflüssig und sinnlos. Wenn Leute sich lieben und beschließen, füreinander da zu sein, brauchen sie keine Unterschrift und keine teuren Zeremonien, um das zu beweisen. Meiner Meinung nach ist das nicht mehr zeitgemäß. Und wenn ich mir meine Kumpels und Freunde oder gar meine Familie angucke, habe ich den Eindruck, dass 80 Prozent der Leute, die geheiratet haben, nach der Hochzeit unglücklich waren oder sich wieder haben scheiden lassen. Es heiraten ja auch die wenigsten aus Liebe. Sonst müssten es ja alle in den ersten zwölf Monaten ihrer Beziehungen tun, wo die Liebe noch heiß brennt. Macht keiner. Stattdessen wird fünf Jahre gewartet und erst über Hochzeit nachgedacht, wenn die Beziehung zur Routine geworden ist. Fakt ist: Nur weil man sich einen Ring an den Finger steckt, wird nicht besser gepoppt, und man redet danach auch nicht ehrlicher oder besser miteinander. Von dem ganzen Mist mit den Brautkleidern und den Smokings will ich gar nicht erst anfangen.

So, das wäre gesagt. Und nun kommt der Klopfer: Ich habe selbst geheiratet. Viele werden jetzt denken: Herrje, der Krause hat sich mit 18 im Suff zum Jawort hinreißen lassen, ist schon seit zwanzig Jahren wieder geschieden und hat deswegen einen Hals auf die Ehe. Gut geschlussfolgert, aber falsch. Meine Hochzeit ist erst ein paar Monate her, und ich habe sie im vollen Bewusstsein meiner ganzen Kritikpunkte in Bezug auf die Ehe gefeiert. Bekloppt, wie? Stimmt. Aber ich hab's nicht bereut.

Die Geschichte begann mit einer Rolex. Meine Freundin hat mir irgendwann ohne Scheiß eine geschenkt. Dieses Mädel kommt nicht aus steinreichem Haus, so dass sie nicht wüsste, wo sie mit ihrem Geld hin soll. Die muss hart arbeiten für ihr Geld. Aber sie wollte mir dieses Geschenk machen, weil sie mir zeigen wollte, dass sie mich liebt und ich ihr wichtiger bin als alles Geld auf der Bank. Ich habe natürlich trotzdem erst mal gesagt: »Schatz, bist du verrückt? Du kannst mir doch nicht so ein teures Teil schenken.«

Doch dann habe ich das Ding probehalber angelegt, fand es natürlich geil und habe es seitdem nicht mehr hergegeben. Was ich allerdings erst nach sechs Monaten merkte: Diese Uhr war die totale Handschelle. Ich ertappte mich immer öfter dabei, wie ich darüber nachdachte, was das eigentlich für ein krasses Geschenk war und vor allem was für eine krasse Bedeutung dahintersteckte. All das hat mir einen tierischen Druck gemacht. Gar nicht mal in puncto Beziehung, sondern weil ich den Anspruch hatte, auch mal etwas ähnlich Krasses zurückzuschenken. Doch was schenkt man der tollsten Frau der Welt? Ich habe mich irgendwann für einen Diamanten entschieden, weil ich weiß, dass sie Diamanten toll findet. Und wo machen sich Diamanten am besten? Auf einem Ring. Ich habe also einen Stein ausgesucht und ihn in einen Ring fassen lassen, den ich ihr dann im Weihnachtsurlaub in Miami schenken wollte. Sah auch schick aus. Ein hübsches Kästchen gab's auch dazu. Das Weihnachtsfest konnte kommen.

Die meisten Frauen, die bis hierher gelesen haben, sind jetzt wahrscheinlich ganz aufgeregt, weil sie schon drei Schritte weiterdenken. Ich dagegen habe bis zu unserem Abflug nicht mal einen Schritt weitergedacht. So kam es zu dem Schockmoment, als wir im Flugzeug saßen, meine Freundin neben mir schlief und mir auf einmal einfiel: Scheiße! Du Idiot! Du Penner! Du Volltrottel! Du kannst doch keinen Ring schenken, ohne dass das wie ein Antrag rüberkommt! Und selbst wenn es nicht so rüberkommt, hat das Geschenk einen total faden Beigeschmack, weil deine Freundin im Gegensatz zu dir Heiraten ja toll findet.

Ich saß also elf Stunden in diesem Flugzeug und hab pausenlos überlegt, wie ich in der kurzen Zeit den Ring noch in zwei Ohrringe umgetauscht bekommen könnte. Aber wie sollte das gehen? Kurz vor Weihnachten, wenn sowieso alle Juweliere am Rad drehen. Und obendrein in Miami, wo ich überhaupt nicht weiß, wo es einen vernünftigen Juwelier gibt, der mich nicht bis aufs letzte Hemd auszieht. Ich habe also hin und her überlegt. Mit den Dialogen, die ich in diesem Flugzeug mit mir selbst geführt habe, könnte man wahrscheinlich noch mal ein Extrabuch füllen. Das war wie mit Engelchen und Teufelchen, die sich gegenseitig fertigmachen:

»Alter, du bist auch nicht mehr der Jüngste. Du kannst ruhig mal übers Heiraten nachdenken.«

»Das hat nichts mit Alter zu tun. Außerdem bin ich der älteste Teenager Berlins. Da passt Heiraten nicht ins Konzept.«
»Aber du willst doch irgendwann Kinder haben.«
»Die Kinder kratzt es nicht, ob wir einen Ehering am Finger haben oder nicht.«
»Was stellst du dich denn so an? Du bist doch sowieso ein Beziehungsmensch.«
»Beziehungsmensch heißt nicht Ehemensch.«
»Aber ihr seid jetzt schon zehn Jahre zusammen …«
»Und es hat gut funktioniert. Warum sollte man also etwas ändern?«
»Die Rolex.«
»Also, das darf jetzt aber nicht das Argument sein …«
»Stimmt. Aber Ohrringe schenken ist öde.«
»Wieso eigentlich?«
»Na, im Vergleich mit der Rolex.«
»Jetzt hör aber auf mit der Scheiß-Rolex … Sorry, war nicht so gemeint.«
»Schon in Ordnung.«
»Weißte was? Ich glaub, ich schenk den Ring einfach …«
»Mit oder ohne Antrag?«
»Na ja, ich könnte ja …«
»Krause macht ’nen Antrag! Krause macht ’nen Antrag!«
»Halt’s Maul.«
»Aber es stimmt doch!«
»Scheiße, ja, es stimmt.«
Irgendwann hatte ich mich selbst überredet. Der Gedanke ans Heiraten hatte im Prinzip ja auch viel Schönes an sich. Und die Frau war definitiv die Richtige. Oberfläch-

lich betrachtet, gab es also keine Widerworte. Wenn ich aber tiefer grub, fand ich jede Menge. Als wir in Miami aus dem Flugzeug stiegen, fühlte ich mich wie gerädert, der alte Rock-'n'-Roller in mir ließ den Kopf tief hängen und murmelte unentwegt: »Scheiße, dein Leben ist vorbei. Dein schönes Leben mit den Mädchen und den Weltreisen und den Partys ist jetzt ein für alle Mal vorbei.« Eigentlich komplett bescheuerte Gedanken, die viele Männer aber sicher nachvollziehen können. Bei mir führten sie letztendlich dazu, dass ich die ersten vier Urlaubstage ebenso wenig ein Auge zutat wie im Flugzeug. Ich bereitete mich innerlich, schon bevor ich den Antrag überhaupt gemacht hatte, wieder auf die Scheidung vor. Da das Projekt nun aber beschlossene Sache war, saß ich meiner Freundin an Urlaubsabend Nummer fünf mit Augenringen und weichen Knien in einem schicken Restaurant gegenüber. Sogar ein Sakko hatte ich angezogen, wegen dem sie mich im Hotel schon etwas komisch angeguckt hatte. Als der Kellner dann auch noch die Flasche sinnlos teuren Weins brachte, die ich bestellt hatte, und ich mir das erste Glas hastig und ohne anzustoßen hinter die Binde kippte, kam von ihr: »Mann, bist du seltsam heute. Du machst mir jetzt aber keinen Heiratsantrag oder so 'nen Scheiß, oder?«
Ich bekam einen roten Kopf und kippte auch das zweite Glas in einem Zug runter. Damit war der Abend für mich gelaufen. Der Ring blieb in der Hosentasche, das Sakko hing ziemlich bald über der Stuhllehne und unsere zweite Flasche Wein kam aus einer deutlich billigeren Preiskategorie. Mein Heiratsantrag war geplatzt. Das war jetzt

fast schon wieder Rock-'n'-Roll, besser schlafen ließ es mich in den folgenden Nächten aber nicht. Drei Tage später wollte ich den nächsten Versuch starten. Auch da klappte es nicht, weil in der Dachterrassen-Bar, in die ich eigentlich wollte, eine geschlossene Gesellschaft tagte, und den nächsten Termin verpennte meine Freundin, weil sie vom Schnorcheln kaputt war. So ging der Urlaub mit strammen Schritten dem Ende entgegen und ich begann allmählich zu glauben, dass das Schicksal mich am Heiraten hindern wollte. Vielleicht sollte es nicht sein. Vielleicht wollte mein Rock-'n'-Roll-Leben mich einfach nicht loslassen. Doch dann fing ich an, meine Freundin nachts im Schlaf zu beobachten. Ich dachte über ihre süßen Reaktionen auf unseren tollen Urlaub nach, über die schöne Zeit, und mir wurde klar: Alter, du bist ein Idiot.

So kam der Antrag zu Silvester 2010/11 doch noch zustande. Ich fiel am Strand auf die Knie, wie sich das gehört, und sagte erst mal: »Halt jetzt bitte die Klappe, ich muss was loswerden.«

Ich konnte mir ja nicht noch mal die Tour versauen lassen. Zwei Tage später wollten wir nach Hause fliegen, und das war unser letzter langer Abend. Die letzte Chance also. Und da Madame tatsächlich die Klappe hielt, war nun ich an der Reihe. Tja … Ich hatte mir in den letzten Tagen wirklich über alles und die Welt Gedanken gemacht – aber nicht darüber, was ich im entscheidenden Augenblick eigentlich sagen wollte. Entsprechend war mein Vortrag: »Äh … Hast du mal drüber nachgedacht … Wir könnten ja … Also, vielleicht … Hypothetisch betrachtet … Wir sind ja schon ziemlich lange zusammen … Da könnte man ja auch mal … Also, wir könnten … Zumindest eventuell … Äh, vielleicht … Äh … Heiraten?«

Beim letzten Wort öffneten sich die Schleusen, und das Mädel fing an zu plärren wie ein kleines Kind. Ich wusste überhaupt nicht, was ich falsch gemacht hatte. Ich hatte mich nie damit auseinandergesetzt, dass es normal ist, dass Frauen heulen, wenn sie einen Antrag bekommen. Also, dachte ich: Scheiße, schon wieder verkackt, und meinte: »Okay, ich geh noch 'ne Runde schwimmen. Bin gleich wieder da.«

»Bleib hier, du Idiot«, riss sie mich am Arm zurück. Ihre Antwort war »Ja«, alles war gut, und ich konnte die erste und einzige Nacht in diesem Urlaub durchschlafen.

Danach passierte sechs Monate lang gar nichts. Ich war zufrieden, sie trug den Ring stolz wie Bolle, aber wir sprachen nicht mehr drüber. Dann kam irgendwann die vorsichtige Frage: »Sag mal, hast du das mit dem Heiraten eigentlich ernst gemeint?«

»Na klar hab ich das ernst gemeint.«

»Dann müssen wir das aber auch mal vorbereiten.«

»Okay, dann mach doch mal.«

Irgendwann stand fest: Im Mai 2012 sollte es so weit sein, und die Feier sollte genau wie der Antrag in Miami stattfinden. So weit, so entspannt. Spätestens nachdem die ersten Einladungen verschickt waren, fingen bei mir allerdings erneut die Bauchschmerzen an. Der Rock-'n'-Roller nahm mich wieder in den Schwitzkasten. Eigentlich konnte er zwar nichts mehr ausrichten, aber er ver-

anlasste mich immerhin dazu, die letzte Woche vor der Hochzeit komplett durchzusaufen. Einen Tag vor der Trauung habe ich sogar meiner Braut gebeichtet, was ich für kalte Füße habe, dass ich mein Leben liebe, mit jedem Test und jedem Scheiß und mit jeder Dummheit, die da drinsteckt, und dass ich Angst habe, dieses Leben zu verlieren. Da hat sie mich in den Arm genommen und gesagt: »Was krampfst du denn jetzt rum, du Idiot. Wenn du solche Angst vor dem Heiraten hast, dann lass es doch bleiben. Hab ich dir jemals das Gefühl gegeben, dass du bei mir nicht dein Leben leben darfst?«
Bei diesen Worten wurde mir schlagartig bewusst: Sie hatte recht. Wir hatten hier keine Situation, wo die Ehe die Beziehung retten, zementieren oder legitimieren sollte. Wir wollten einfach nur heiraten. Als Geschenk, als Party, irgendwie vielleicht sogar als Experiment. Ich kam wieder runter, sie drehte sich um und wollte aus dem Zimmer gehen. Doch dann kam sie noch einmal zurück und meinte: »Nur eine Bedingung hab ich: Ich will, dass du nie wieder Jägermeister trinkst.«
»Wie, was soll das denn jetzt?«
»Du hast deine schlimmsten Besäufnisse und Abstürze immer, wenn du Jägermeister säufst. Lass es einfach.«
Bamm! Der Rock-'n'-Roller in mir bäumte sich brüllend auf. Mein Leben schien mir nun niemand mehr streitig machen zu wollen, dafür aber meinen Lieblingsschnaps. Also ein letztes Mal Torschluss-Action. Die Hochzeit sollte bei Sonnenaufgang stattfinden. In der Nacht zuvor habe ich mir meine letzte Flasche Jägermeister reingezogen und habe etwas getan, was ich in meinem Leben viel-

leicht noch weniger für möglich gehalten hätte als heiraten. Ich habe mir im Hotelzimmer von zwei Tätowiererkumpels die Arschbacken tätowieren lassen. Auf der linken steht jetzt »Goodbye Jägermeister« und daneben klemmt ein kleiner Smiley mit 'nem Hirschgeweih. Auf der rechten steht »Time to change«.

Am nächsten Morgen bin ich mit einem ziemlichen Schädel zu meiner Hochzeit gewankt. Den Pfarrer hatte ich nie zuvor gesehen, was mir aber egal war. Seit dem Moment allerdings, als eine wunderschöne Braut auf mich zukam, meine wunderschöne Braut, kann ich die Faszination fürs Heiraten ein bisschen besser verstehen. Das war ein großer Moment, der mich fast zu Tränen rührte. Das Jasagen auch. Die Party hinterher auch. Seitdem bin ich echt entspannt, und der Rock-'n'-Roller in mir feiert trotzdem weiter. Allerdings säuft er neuerdings Tequila.

// Beklopptten-Weisheit Nummer 31:
Time to change. //

NACHWORT

So, liebe Leute. Wer jetzt noch nicht bekloppt ist, dem kann ich auch nicht helfen. Ich hab mir irgendwann die Frage gestellt, ob der ganze Wahnsinn eigentlich Grenzen hat. Ich würde sagen: nein, hat er nicht. Es sei denn, man setzt ihm welche. Mich persönlich hat immer eine Mischung aus Neugier, Dummheit und Lebenshunger angetrieben. Sie tut es bis heute. Solange ich diese Eigenschaften habe, gebe ich ihnen nach. Ich habe kein Interesse daran, alte Fehler ständig zu wiederholen, aber ich habe auch keine Angst davor, neue zu machen. Diese Kombination aus Erfahrung und Angstfreiheit erlaubt es, auch mal nein zu sagen, sie ermöglicht, über die eigenen Dummheiten zu lachen, und sie bewirkt, dass man den anderen Freaks auf dieser Welt mit Respekt begegnet. Das ist die optimale Grundvoraussetzung für den Geisteszustand, den ich als »Bekloppt, aber geil« bezeichne. Nicht jeder muss die Kamikaze-Nummer durchziehen, um dort anzukommen, doch bei mir war es nötig. Für mich steht diese Methode aber nur stellvertretend für viele Wege,

die zur Akzeptanz der eigenen Spleens und Macken führen können. Wir sollten sie nicht unterdrücken, sondern uns einen Spaß aus ihnen machen.
Eine Schlüsselgeschichte zu dieser Erkenntnis erzähle ich euch noch schnell. Ich nenne sie »Die fickenden Marienkäfer«. Um die Jahrtausendwende hatte ich eine Zeit, in der es mir ziemlich scheiße ging und mein Hirn mit allen möglichen Sinnfragen blockiert war. Ich bin dann immer laufen gegangen, um den Kopf freizukriegen. Dabei wurde es zur Gewohnheit, dass ich bei meiner Runde durch den Jahn-Sportpark eine Pause an Baum Nummer 224 machte. Ich nenne ihn so, weil die Stadtverwaltung ihm eine Plakette mit der Nummer an den Stamm genagelt hat. Dieser Baum wurde für mich zum Sinnbild des Lebens. Ich weiß, so was hört sich bei einem Vogel wie mir behämmert an, aber es war so. Ich fing an, diesem Baum beim Wachsen zuzusehen. Es gab einen besonders kräftigen Ast, der sich auf den Weg hinausreckte und an dem ich die Entwicklung gut verfolgen konnte. Im Frühjahr wuchsen ihm Blätter, dann kamen die Blattläuse, im Sommer die Marienkäfer und so weiter. Ich hab sogar beobachtet, wie die Marienkäfer die Blattläuse irgendwann wieder gefressen haben. Und wie sie auf dem Ast gevögelt haben. Kurzum: Ich fühlte mich als Teil dieses Baumes, habe meine Handflächen auf die Rinde gelegt, dabei über Kopfhörer Musik gehört und mir vorgestellt, wie die Musik in den Stamm fließt und den Ast über mir wachsen lässt. Solche Gedanken haben andere vielleicht nur auf Drogen, für mich wurden sie zum täglichen Ritual. Dann kam der Winter, und ich bin wegen der

Glätte ein paar Wochen nicht gelaufen. Als ich im Frühling wiederkam, war der Ast, von dem ich mir immer eingebildet hatte, dass meine Musik ihn wachsen ließ, abgesägt. Ich kam da überhaupt nicht drauf klar. Irgendein beschissener Gärtner hatte meinen Ast abgesägt. Er war weg, unwiederbringlich. Kein Blätterwuchs, keine neuen Zweige, kein Blattlausfressen, kein Marienkäferporno, nichts mehr. Ich bin spontan wütend geworden und hätte den Wichser mit der Säge am liebsten ausfindig gemacht und ihm aufs Maul gehauen. Aber dann hab ich gedacht: Der Wichser mit der Säge hat ja nur seinen Job gemacht. So wie er an anderen Tagen den Rasen mäht und die Büsche zurückschneidet. Die Entscheidung, den Ast abzusägen, kam gar nicht von ihm, sondern vom Gartenamt, wo sie irgendein Beamter, der wiederum den Anweisungen einer Behörde über ihm gehorcht, seiner Sekretärin zur Weiterleitung auf den Tisch geknallt hatte. An diesem Beispiel wurde mir klar, wie bitter es ist, wenn wir alle nur noch als Roboter durchs Leben laufen, deren Taten aus fünfzigmal durchs Sieb gegossenen Fremdanordnungen bestehen. Ich wollte nicht Teil eines solchen Systems sein. Ich war Teil dieses kleinen anarchischen Stückchen Baums mit den fickenden Marienkäfern, das gerade abgesägt worden war. Mit dem Unterschied, dass sie mich nicht so leicht in den Schredder schmeißen konnten. Dieses Erlebnis hatte zur Folge, dass ich mein Ding seitdem erst recht gegen die Normen der Fremdbestimmung durchziehe und dass ich jeden ermutige, es genauso zu tun. Wobei Fremdbestimmung nicht immer von spießigen Behörden ausgehen muss. Manchmal entsteht sie auch durch den Druck vermeintlicher Freunde, durch unerreichbare Schönheitsideale oder falsch verstandene Formen von Spaß. Mir ist das inzwischen klar, weil ich all diese Dinge ausprobiert habe. Mal mit Erfolg, mal ohne, aber immer volles Brett. Inzwischen ist mein Motto »Einmal volles Brett und wieder zurück«, denn wer Vollgas gibt, muss auch mal wieder bremsen. Manchmal ist das gar nicht so einfach. Aber zu dem Kokain, das schon fertig gebaut vor mir auf dem Tisch lag, habe ich ja auch irgendwann nein gesagt. Und wisst ihr was? Dabei kam ich mir genauso bescheuert vor, wie damals, als ich keine Butter essen und keine Frösche aufpusten wollte. Gewohnheiten abzulegen ist oft schwieriger, als sie sich anzueignen. Aber es geht und es erhält die Spannung im Leben. Ich experimentiere also weiter mit mir selbst herum. Mit allen anderen zusammen und manchmal vielleicht stellvertretend für alle anderen. Für mich ist alles, was ich schaffe, ein Beweis dafür, dass andere Leute das Gleiche auch schaffen können. Ich bin ein normaler Typ, der einfach Schwein gehabt hat. Mit der Tätowiererei, mit dem Fernsehkrempel, auch mit diesem Buch. Ansonsten gehe ich weiter arbeiten, sitze in meinem Laden und breche nicht aus. Ich ziehe auch nicht raus aus Berlin und kaufe mir ein dickes Haus. Würde gar nicht funktionieren. Weil ich im Herzen der einfache Furz bin, der hier rumkraucht und versucht, etwas gebacken zu kriegen. Wie alle anderen eben auch. Und dabei müssen wir nicht jeden Dreck mitmachen, den andere von uns erwarten, oder? Horcht einfach in euch selbst hinein, setzt euch eigene Grenzen, anstatt sie euch setzen zu lassen, und macht nur Dummheiten, über die ihr später auch lachen könnt. Mit anderen Worten: Lasst euch die Äste eurer Eigenheiten nicht absägen, sondern pflegt sie. Ich wünsch euch ein bekloppptes Leben. Wir sehen uns!

DANIEL
KRAUSE

TATTOO KRAUSE

Deutschlands prominentester Tätowierer sticht zu

Daniel Krause betreibt in Berlin-Mitte das angesagteste Tattoo-Studio Deutschlands. Seine Kunden sind Rocker, Promis, hippe Kreative – und viele Normalos, die einfach mit einem Tattoo einen Lebensabschnitt markieren wollen. Hier gibt Krause frei Schnauze Einblick in seinen Alltag als Tätowierer: »Eine Metallmaschine, 15 Nadeln, 2000 Stöße in der Minute. Noch Fragen?«

Droemer

MICHEL
RUGE

Bordsteinkönig

Meine wilde Jugend auf St. Pauli

Der Vater: Zuhälter. Die Mutter: blutjung, Kellnerin in einer Bar – oder so was. Michel Ruges Jugend auf St. Pauli ist wild. Den ersten Sex hat er mit zwölf – in einem Bordell. Kurz darauf schließt er sich einer Straßengang an. Und schließlich steht Michel vor der Kernfrage, auf die im Kiez alles zuläuft: Werde ich Zuhälter oder nicht?

»So authentisch kann nur jemand schreiben, der dort war. Ich muss es wissen, denn ich bin noch da.«
Thomas »Karate Tommy« Born

»Ein ehrlicher Einblick in den Alltag eines jugendlichen Gangmitglieds auf dem Hamburger Kiez, aber auch eine Hommage an das St. Pauli der 80er Jahre. Lesenswert!«
Philipp Grütering, Deichkind

Knaur Taschenbuch Verlag

BADEMEISTER
SCHALUPPKE

Chlorreiche Tage

Mein Leben am Beckenrand

Spaßbad Köln-Zollstock: Hier regieren Fußpilz, beißender Chlorgeruch und vor allem Bademeister Schaluppke, der »weiße Hai vom Beckenrand«. Wenn er Dienst hat, ertrinken die Frauen absichtlich, um von ihm Mund zu Mund beatmet zu werden. Schaluppke schickt nervige Badegäste in die Umkleide und blasenschwache Opis zum Beckenboden-Training. Er rappt die Baderegeln, rockt die Poolnudel und zelebriert handtuchschwingend den Erlebnisaufguss in der Damensauna. Die besten Momente seiner chlorreichen Tage hat er nun in seinem Tagebuch festgehalten. Für alle, die nicht bis zum nächsten Schwimmbadbesuch warten wollen.

Knaur Taschenbuch Verlag